GÉNÉALOGIE

DE LA MAISON

DE CORNULIER

EN BRETAGNE.

NANTES,

Imprimerie CHARPENTIER, rue de la Fosse, 32 et 34.

—

1863.

GÉNÉALOGIE

DE LA

MAISON DE CORNULIER.

GÉNÉALOGIE

DE LA MAISON

DE CORNULIER

AUTREFOIS

DE CORNILLÉ

EN BRETAGNE.

PORTANT POUR ARMES MODERNES :

D'AZUR AU RENCONTRE DE CERF D'OR, SURMONTÉ D'UNE MOUCHETURE
D'HERMINE D'ARGENT ENTRE LES BOIS,

ET POUR ARMES ANCIENNES :

D'ARGENT A TROIS CORNEILLES DE SABLE.

DEVISE : FIRMUS UT CORNUS.

NANTES,

IMPRIMERIE CHARPENTIER, RUE DE LA FOSSE, 32 ET 34.

—

1863.

ORIGINE ET PREMIERS SUJETS [1]

I.

Le premier qui se soit nommé DE CORNILLÉ, en Bretagne, est Hamelin, qu'on croit être un puîné de la maison des Biards au comté de Mortain, en Normandie. Il avait déjà, en 1060, deux fils majeurs de vingt-cinq ans, car ils figurent à cette date comme témoins dans une charte passée au château de Vitré, en présence de Robert Ier, sire de Vitré. Ils y sont désignés ainsi : *Odo, filius Hamelini; Gosfredus, frater ejus;* c'est-à-dire par leurs seuls noms de baptême. On n'en connaissait point encore d'autres à cette époque.

Hamelin était passé avec ses fils, vers l'an 1050, au service de Robert Ier, baron de Vitré; il suivit ce seigneur dans l'expédition d'Angleterre en 1066, et contribua au mariage de son fils, André Ier, avec Agnès, héritière du comté de Mortain. En reconnaissance des services qu'il lui avait rendus, le sire de

---

(1) Les preuves de cette généalogie ont été données dans trois volumes imprimés en 1847, 1860 et 1863. Elles consistent en plus de deux mille deux cents pièces justificatives qui y sont analysées ou rapportées *in extenso*, selon leur importance.

Vitré lui donna des terres de ses domaines, entre Vitré et la
Guerche et particulièrement dans la paroisse de CORNILLÉ, dont
il prit le nom, suivant l'usage qui commençait alors à s'intro-
duire en Bretagne. On le trouve ainsi nommé, HAMELIN DE
CORNILLÉ, dans une donation passée à Rennes en 1086.

II.

Hamelin laissa, comme on vient de le voir, deux fils : Odon
et Geoffroy, qui vivaient en 1060 à la cour du sire de Vitré.
Le premier, né en Normandie, y eut pour parrain le fameux Odon, évêque de Bayeux, frère utérin de Guillaume le
Conquérant et germain du comte Robert de Mortain ; depuis
la conquête, comte de Kent, vice-roi d'Angleterre et lieutenant
de Normandie. Ce fut pour conserver la mémoire de l'honneur
qu'il avait eu d'être nommé par ce haut personnage, que le
nom d'Odon se perpétua durant plusieurs générations dans sa
postérité.

Geoffroy DE CORNILLÉ figure comme témoin d'un accord fait
en 1090 entre Hamon de Liffré et les moines de Saint-Florent.

Odon DE CORNILLÉ et Geoffroy, son frère, furent témoins au
traité de paix conclu, en 1106, entre André de Vitré et le duc de
Bretagne Alain Fergent, à la suite de la bataille de Tinchebray,
selon l'historien Pierre le Baud.

Après ce traité, ajoute le Baud, « comme André de Vitré
» cuidast aller saisir sa terre (le comté de Mortain qui lui
» revenait du chef de sa femme), il ne trouva qui le reçut,
» fors le sieur des Biards, qui le recueillit bénignement en

» son chastel comme son seigneur; » conduite exceptionnelle, mais qui s'explique tout naturellement de la part d'un proche parent de deux des principaux officiers du sire de Vitré.

III.

Ce même Pierre le Baud, qui écrivait en 1480, raconte, dans sa *Chronique de Vitré*, un événement où Odon DE CORNILLÉ, IIe du nom et qui paraît fils d'Odon Ier, intervint d'une manière intéressante et qui prouve la haute considération dont il jouissait auprès de son seigneur. Nous le laisserons parler : « Et lors, Robert de Vitré (qui depuis fut » Robert II) desirant avoir terre, sans le conseil et assen- » tement d'André, son père, print à femme (en 1123) Emme, » fille Gaultier, seigneur de la Guerche et de Pouancé ; et » après ce mariage parfaict et accomply, retourna Robert à » Vitré ; mais André, son père, qui l'entendit, oyant sa venue, » tant pour ce qu'il avait print la fille de son homme lige, » que pour ce qu'il l'avait fait sans son consentement et » conseil, grandement courroucé contre lui, manda que hasti- » vement il issit de sa ville et de toute sa terre. Et comme » Robert ne le voulsist faire, André, son père, s'arma, monta » à cheval et print son espée ; si vint en la ville où il trouva » Robert, lequel il navra griefvement au corps ; mais Odon » DE CORNILLÉ, voyant celle chôse, les départit, puis print » Robert et le porta de là en son hostel, où il le retint tant » qu'il fut guéri de celle playe. Et quand Robert fut recon- » valescé et sain, il n'ôsa demeurer en la terre de son père,

» ni en la terre Gaultier de la Guerche, père de sa femme,
» mais il s'enfuit d'illec, et s'en alla à Candé avec Emme, sa
» femme, et là demeura si longtemps qu'il engendra et eut
» d'elle un fils qu'il fit nommer André. Et quand André,
» seigneur de Vitré, père de Robert, l'entendit, il manda le
» dit Robert et Emme, sa femme, et les fit venir à Vitré et
» leur pardonna. »

Odon DE CORNILLÉ et Jacquelin DE CORNILLÉ, qui peut être son frère, sont cités comme témoins pour Robert de Vitré (Robert III, dit le Jeune) dans un accord fait en 1158 entre ce seigneur et les moines de Sainte-Croix de Vitré.

Odon DE CORNILLÉ figure encore comme témoin d'un autre accord, fait dans le même temps, entre le même Robert de Vitré et les moines de Saint-Florent.

IV.

Hervé DE CORNILLÉ figure comme témoin d'une donation faite en 1160 à l'abbaye de Savigné par Robert de Vitré, André son fils, et Emme sa femme.

Sylvestre DE CORNILLÉ et Geoffroy DE CORNILLÉ, dont nous ignorons l'attache, aussi bien que celle d'Hervé, figurent comme témoins d'une donation faite au XIIe siècle par Robert de Vitré à l'abbaye de Savigné.

V.

Odon DE CORNILLÉ, IIIᵉ du nom, et Sécard DE CORNILLÉ, son frère, figurent comme témoins d'une donation faite, en 1199, au prieuré de Sainte-Croix de Vitré par Jean d'Erbrée, en présence d'André II de Vitré.

Odon DE CORNILLÉ est encore témoin d'une donation faite, en 1207, au même prieuré de Sainte-Croix de Vitré, par Robert de Domaigné, avec la ratification d'André de Vitré.

Hervé DE CORNILLÉ, vivant en 1210, est mentionné dans les archives de l'hôpital de Vitré.

VI.

Geoffroy DE CORNILLÉ, fils d'Odon III, figure dans un acte de donation fait en 1199 par André de Vitré, Robert son frère, chantre de Paris, et Emme sa mère; et dans un autre acte de donation de la même année, fait par André de Vitré seul, aux moines de Saint-Melaine de Rennes.

Dans un acte de 1229, ce même Geoffroy DE CORNILLÉ est dit fils d'Odon et neveu de Sécard DE CORNILLÉ et vivant à cette époque.

Pierre DE CORNILLÉ ratifia à Nantes, la veille de la Pentecôte 1225, à la suite d'André III de Vitré, les priviléges accordés par le duc Pierre à la nouvelle ville de Saint-Aubin-du-Cormier.

Les seigneurs assemblés à Nantes accordèrent, à la considération du Duc, que les habitants de la nouvelle ville jouiraient sur leurs terres des mêmes priviléges qu'il leur avait concédés sur les siennes. Les grands de la province avaient seuls été convoqués à cette réunion: aussi Pierre DE CORNILLÉ ne dut-il, bien que cela ne soit pas exprimé, figurer là qu'en qualité de maître des eaux et forêts de la baronnie de Vitré ou de quelque autre fonction analogue. C'est encore comme officiers du baron que ses prédécesseurs figurent dans les actes ci-dessus et non en simples témoins; ils contresignent ses décisions de la même manière que le font encore les ministres des souverains, chacun dans son département.

VII.

Odon DE CORNILLÉ, IVᵉ du nom, chevalier, et Laurence, sa femme, donnèrent, en 1252, leur part de la dîme de la Prévière au prieuré de la Primaudière, situé dans la forêt de Juigné, près de Châteaubriant. Odon DE CORNILLÉ fut enterré dans l'église de ce prieuré le 16 juin 1252; son tombeau et son sceau, apposé à l'acte de donation ci-dessus, portent *trois corneilles.*

La Prévière est une paroisse d'Anjou, limitrophe de celle de Juigné en Bretagne. Odon *de Cornillé* était, du chef de sa femme, seigneur d'une partie de cette paroisse, puisqu'il possédait une portion des dîmes, et son héritage dut passer à ses successeurs de son nom, car on connaît encore aujourd'hui les bois de *Cornillé*, dans la paroisse de la Prévière, et joignant la forêt de Juigné.

Quant au prieuré de la Primaudière, de l'ordre de Grandmont, il avait été fondé, quarante-cinq ans avant la donation que lui fit Odon *de Cornillé,* par Geoffroy III, baron de Châteaubriant, et par Guillaume, sire de la Guerche et de Pouancé, qui tous les deux appartenaient à la maison de Châteaubriant et possédaient la forêt de Juigné par indivis.

A la même époque, vivaient encore, suivant des actes de 1250 et de 1252, Guillaume DE CORNILLÉ et Alain DE CORNILLÉ, prêtre, héritier de Gautier DE CORNILLÉ.

VIII.

Jehan DE CORNILLÉ est cité comme l'un des chevaliers Templiers qui déclarèrent vouloir défendre leur ordre dans la procédure faite contre eux à Paris, de 1309 à 1311.

IX.

Guy DE CORNILLÉ était abbé de Saint-Augustin de Limoges de 1337 à 1366, époque à laquelle les ducs de Bretagne possédaient la vicomté de Limoges.

Geoffroy DE CORNILLÉ, vivant en 1375, est mentionné dans les titres du château de Vitré.

X.

Béatrix DE CORNILLÉ, restée veuve dès 1407, obtint du Duc des lettres de sauvegarde datées du 8 juin dit an. Elle donna

à l'hôpital de Saint-Yves de Vitré la métairie du Faill, dans
la paroisse de Saint-Didier. Son sceau, apposé à l'acte de
donation, porte : *trois corneilles.* Cette métairie fut franchie par
lettres du duc François Ier, datées du 3 mars 1444. Béatrix
de Cornillé était morte depuis le 8 février 1421 et fut enterrée
dans la nef de la Chartreuse du Parc, au Maine; son tombeau
s'y voyait du côté gauche, et Gaignères nous a conservé le
dessin de sa statue qui y était couchée (Portefeuille V, N° 69);
malheureusement il n'a recueilli de l'épitaphe que le nom et
la date du décès.

BÉATRIX DE CORNILLÉ,

morte le 8 Février 1421,

d'après son Tombeau placé autrefois dans la nef de l'Eglise de la Chartreuse du Parc,
au Maine.

BRANCHE DE LA BICHETIÈRE.

I. — Jehan DE CORNILLÉ, écuyer dans la compagnie de Thibault de la Rivière, en 1373, puis conseiller et maître des comptes du sire de Laval et de Vitré, ratifia à Guérande, le 10 avril 1381, le traité de paix conclu entre le roi Charles VI et le duc Jean IV. Il était, en 1400, seigneur de la Bichetière, dans la paroisse de *Cornillé,* et fut marié deux fois. Il épousa en premières noces, en 1391, Marguerite RACAPPÉ, qui mourut sans postérité en 1396; et en secondes noces Jehanne DU HALLAY, qui était veuve de lui en 1407, et qui le rendit père de :

1° Jehan *de Cornillé,* qui suit.

2° Olivier *de Cornillé,* l'un des gendarmes du connétable de Richemont, en 1424, était marié en 1448 avec Jeanne Martin.

3° Jehanne *de Cornillé,* mariée à Jean du Plessix, seigneur du Plessix, en la paroisse d'Argentré, dont elle était veuve en 1472, ayant alors pour fils Jean du Plessix et pour petit-fils Louis du Plessix.

II. — Jehan DE CORNILLÉ, écuyer, seigneur de la Biche-tière, de la Borderie, en Cornillé, et de Montchouon, dans la paroisse d'Etrelles, vivait de 1407 à 1450; on ignore le nom de sa femme, mais il fut père de :

III. — Noble et puissant écuyer Amaury DE CORNILLÉ, fils aîné, héritier principal et noble de Jehan, seigneur de la Bichetière, de la Borderie, de la Croix, dans la paroisse de Cornillé, et du Bois, dit le Bois-Cornillé, dans celle de Torcé, dès 1459; fut un des témoins entendus, en 1485, dans l'en-quête des dégâts faits au château de Sévigné. En 1477, sa juridiction scellait ses actes d'un sceau à *trois corneilles,* autour duquel était écrit : *Sceau de la Bichetière.* Il épousa, en 1466, noble damoiselle Isabeau DE LA TOUCHARDIÈRE, dame de la Motte et du Plessis de Torcé, dont il eut :

1º Pierre *de Cornillé,* fils aîné, héritier principal et noble, qui suit.

2º Jehan *de Cornillé,* châtelain de Derval en 1513, pour Jehan Laval, sire de Châteaubriant.

3º Dom René *de Cornillé,* qui fut d'église et qui possédait par indivis, en 1513, avec son frère Jehan, le manoir de la Croix, en Cornillé.

4º Thébaude *de Cornillé,* mariée à Guyon *du Bois,* seigneur du Boishalbran, en Saint-Germain-du-Pinel, et de la Baste, en Etrelles. Elle possédait, en 1513, la métairie noble du Buat, en Martigné-Ferchault, et le manoir de la Piglonnière, en Saint-Germain-du-Pinel.

5° Jehanne *de Cornillé*, mariée à noble écuyer Georges *le Vayer*, de la maison de la Clarté, en Cornillé.

6° Olive *de Cornillé*, mariée avant 1508 à Jamet *de la Vallée*.

7° Renée *de Cornillé*, épousa son parent, Hervé *de Cornillé*, de la BRANCHE DE BAIS, rapportée ci-après.

8° Catherine *de Cornillé*, dont le sort est inconnu.

Ces quatre dernières filles possédaient par indivis, en 1513, le manoir de la Hussonnière, en la paroisse de Moulins, évêché de Rennes.

IV. — Noble écuyer Pierre DE CORNILLÉ, seigneur de la Bichetière, du Bois-Cornillé, de la Revelais, en Cornillé, de la Motte et du Plessis de Torcé, de 1497 à 1524; céda, par acte du 23 septembre 1510, à noble écuyer Julien du Boschet, seigneur de la Haye de Torcé, tous les droits qu'il avait dans le moulin et dans l'étang des Vaulx, sis partie en la paroisse de Torcé et autre partie en celle de Cornillé. Il vendit aussi, avant 1513, le manoir de la Borderie à Mathurin le Moine, habitant de Vitré.

Pierre *de Cornillé* épousa Guyonne BRILLET, dame de la Hardouinais et de la Vallée, dans la paroisse de Louvigné-de-Bais, fille de Guillaume Brillet, chevalier, seigneur de Monthorin, en Louvigné-du-Désert. Ce Guillaume était fils aîné de Geoffroy Brillet; neveu de Guillaume Brillet, successivement évêque de Saint-Brieuc et de Rennes et archevêque de Césarée, mort en 1447, et de Jean *de la Rivière*, chancelier de Bretagne,

qui avait épousé une sœur de l'évêque. Geoffroy Brillet, qui
mourut en 1486, s'était marié deux fois : en premières noces
avec Blanche *de Champaigné*; et, en secondes noces, en 1445,
avec Guillemette *de Montbourcher*, de laquelle descendent les
Brillet, seigneurs de Laubinière, au Maine, dont la postérité
subsiste encore. Guillaume Brillet était issu du premier lit : on
ignore qui il épousa lui-même.

Pierre *de Cornillé* laissa de Guyonne Brillet :

1° Antoine *de Cornillé*, qui suit.

2° Artuze *de Cornillé*, qui était veuve dès 1529.

3° Madeleine *de Cornillé*, cellerière de l'abbaye de Saint-Georges
    de Rennes, en 1528.

4° Jeanne *de Cornillé*, mariée à Yves *le Vallois*, fils de Thomas
    le Vallois, seigneur de Gallet, paroisse de Saint-Georges de
    Rennes, de la Guinvrais, paroisse de Betton, et de Perrine
    de Lessart. De ce mariage vint Antoine le Vallois, marié avec
    Françoise de Guémadeuc, fille aînée, principale héritière de
    François de Guémadeuc, seigneur de Beaulieu et de Séréac,
    et de Jeanne Gastinel, dame de la Motte-Alleman.

V. — Noble écuyer Antoine DE CORNILLÉ, seigneur de la
Bichetière, de la Motte et du Plessis de Torcé, en 1525, épousa
Geffeline DE CHAMPAIGNÉ, qui, étant veuve, fut maintenue
au nom et comme tutrice de ses enfants, par lettres du

17 mars 1536, dans les prééminences aux églises paroissiales
de Cornillé et de Torcé. De ce mariage vinrent :

1° Briand DE CORNILLÉ, seigneur de la Bichetière, de la Motte et
    du Plessis de Torcé, de 1536 à 1553 ; figure en qualité
    d'homme d'armes à l'arrière-ban de 1541 ; fut chevalier de
    l'ordre du Roi, et épousa Jeanne DE POIX, fille d'André de
    Poix et de Jeanne *le Voyer,* dame de Fouësnel. Il mourut sans
    postérité.

2° Guy *de Cornillé,* qui succéda à son frère aîné et qui suit.

3° Pierre *de Cornillé,* abbé de Montmorel, au diocèse d'Avranches,
    en 1558, fut chassé de son abbaye par Louis de Montgommery,
    seigneur de Ducey, chef des Calvinistes du pays, et obligé de
    se réfugier au Mont-Saint-Michel, où il obtint du roi Charles IX
    des lettres de sauvegarde datées du 2 janvier 1573. Il se démit
    de son abbaye, le 31 août 1575, en faveur de Jean *Louvel,*
    son neveu, retenant mille livres de pension, puis fut curé de
    la paroisse de Terregaste, dépendante de Montmorel, où il
    mourut le 8 janvier 1589. Il fut enterré dans le chœur de
    l'église de Montmorel, devant le maître-autel.

4° Demoiselle *de Cornillé,* mariée à N... *Louvel,* écuyer, de la
    maison de la Touche, en l'évêché de Rennes.

VI. — Noble et puissant écuyer Guy DE CORNILLÉ, seigneur
de la Bichetière, de la Hunobaudière, de la Motte et du Plessis
de Torcé, de 1556 à 1587, ne laissa, d'une femme dont le
nom est inconnu, qu'une fille pour héritière.

VII. — Noble damoiselle Isabeau DE CORNILLÉ, dame de la Bichetière, de la Motte et du Plessis de Torcé, en 1596. Elle avait été mariée et était veuve dès 1592.

En 1597, la Bichetière, la Motte et le Plessis de Torcé appartenaient à Jeanne de Kermainguy, épouse de René de Guéhenneuc, seigneur de la Briançais.

BRANCHE DE BAIS.

I. — Thomas DE CORNILLÉ, seigneur de Vausselles, dans la paroisse de Bais, en 1390, eut pour fils :

II. — Thomas DE CORNILLÉ, seigneur du manoir de Vausselles en 1427 ; il était mort en 1440 et laissa pour héritier :

III. — Hervé DE CORNILLÉ, employé avec un page, sous la paroisse de Bais, dans trois rôles particuliers du rôle général des montres de l'évêché de Rennes, depuis l'an 1412 jusqu'en l'an 1480. Il fut père de :

IV. — Hervé DE CORNILLÉ, seigneur du Grand-Fougeray et de la Ville-Cotz, en la paroisse de Bais, et de la Suillerie, en la paroisse de Visseiche, en 1513, épousa Renée DE CORNILLÉ, sa parente, fille d'Amaury *de Cornillé*, seigneur de la Bichetière. Il n'en eut que deux filles :

1° Perrine DE CORNILLÉ, héritière principale, morte avant 1535, épousa Jean *de la Valette*, seigneur de la Rivière, fils de Raoul de la Valette et de Jeanne *Morel*. Leurs descendants sont qualifiés seigneurs de la Villesco, des Fougerais et du Boismellet, en la paroisse de Bais.

2° Françoise *de Cornillé*, dame de la Suillerie, était mariée en 1541 avec noble homme Jacques *Losche*.

BRANCHE DE MECÉ

DEVENUE

BRANCHE AINÉE DE CORNULIER.

I. — Grégoire DE CORNILLÉ, qui paraît être arrière-petit-fils de Pierre *de Cornillé*, qui ratifia les priviléges de Saint-Aubin-du-Cormier en 1225, épousa Alisette DE COCHINY. A raison de son nom de Grégoire et de celui de sa femme, on suppose que son père se serait fixé dans le comté de Cazerte, où il serait né lui-même vers la fin du XIIIᵉ siècle, et qu'il s'y serait marié. Cette hypothèse n'a rien que de très-vraisemblable quand on se rappelle que Guy VII, sire de Laval et de Vitré, était aussi comte de Cazerte, dans la terre de Labour, près de Naples, où il fut mandé, à cause dudit comté, par Charles d'Anjou, roi de Sicile; qu'il se rendit à cet appel en 1275, *avec grand nombre de ses sujets,* et qu'il resta dans son comté de Cazerte jusqu'en 1284.

II. — Bernard de Girard, seigneur du Haillan, historio-graphe de France et généalogiste des ordres du Roi en 1595, mort en 1610, raconte que : « Grégoire DE CORNILLÉ, fils

2

» d'autre Grégoire *de Cornillé* et d'Alisette *de Cochiny,* fut
» un très-grand et habile chasseur, talent qui lui fit acquérir
» l'estime et l'inclination particulière du duc de Bretagne
» Jean IV, lequel voulut, sur ce qu'il avait amassé une grande
» quantité de bois et d'andouillers de cerfs, par la prise conti-
» nuelle qu'il faisait de ces animaux, qu'il prît, au lieu de son
» nom de Cornillé, celui de Cornulier, avec des armes
» parlantes, au lieu de ses armes anciennes, qui étaient : *d'ar-*
» *gent à trois corneilles de sable,* et portât, au lieu : *d'azur au*
» *rencontre de cerf d'or;* et, pour lui témoigner son estime, lui
» permit *d'ajouter entre ses branches une hermine d'argent;* ce
» qui fut vers l'an 1381 : dont sortit Guillaume *de Cornulier.* »

Ce récit de du Haillan est tout-à-fait conforme à l'esprit du
temps ; les idées de fixité que nous attachons aujourd'hui aux
noms et aux armoiries n'étaient pas encore bien arrêtées au
XIVe siècle : il était loisible à chacun d'en changer à sa volonté
et sans aucune solennité. Ce qu'on appréciait par dessus tout,
c'étaient des armes parlantes ; celles qui en même temps carac-
térisaient la personne étaient réputées parfaites ; or rien ne
pouvait mieux convenir qu'un rencontre de cerf au forestier
et veneur des baronnies de Laval et de Vitré.

Par ses goûts et par ses charges, du Haillan était en position
d'être bien renseigné sur le fait qu'il rapporte ; et, quoiqu'il
ne fût pas originaire de la Bretagne, il avait acquis une connaissance toute spéciale des familles bretonnes durant une
mission qu'il avait remplie à Nantes en 1567, et où il était
commissionné du Roi pour visiter les archives de la Chambre
des Comptes et de la Maison de ville et pour en retirer les
pièces qui intéressaient la Couronne.

III. — Guillaume DE CORNILLÉ ou DE CORNULIER, Ier du nom, seigneur de la Dauphinais, en la paroisse de Romagné, près Fougères, et de la Jarnouse, en la paroisse de Mecé, où il est nommé DE CORNILLÉ à la réformation de 1427, et DE CORNULIER à celle de 1429; fut, après son père, maître des eaux et forêts des baronnies de Laval et de Vitré, de 1385 à 1396, puis maître de l'hôtel ou sénéchal du comte de Laval. Il mourut en 1435.

Guillaume Ier *de Cornulier* avait épousé, vers 1415, Honorée DE MONTBOURCHER, de la branche aînée de cette maison, fille de Bertrand, sire de Montbourcher et du Pinel, et de Roberte *de Courceriers*. Elle était petite-fille de *Laval*, et c'est en considération de cette alliance que Guillaume *de Cornulier* fut gratifié de l'office de maître de l'hôtel du comte devenu son cousin. Il fut père de :

1° Guillaume II *de Cornillé* ou *de Cornulier,* qui suit.

2° Perrine *de Cornillé* ou *de Cornulier,* dame de Montchevron, dans la paroisse de Saint-Jean-sur-Coisnon, en 1453. Elle fut mariée dans la maison des *Le Prévost,* seigneurs de Saint-Marc, en la paroisse de Saint-Marc-sur-Coisnon, où elle porta la terre de Montchevron-Cornillé, depuis nommée simplement Cornillé.

IV. — Guillaume DE CORNILLÉ ou DE CORNULIER, IIe du nom, seigneur de la Dauphinais, après son père, et de Villepie, dans la paroisse d'Izé, perdit tous ses biens par une cause qui ne nous est pas connue, mais qui tient probablement à ce que son père, peu riche par lui-même, avait épousé une femme qui, comme huitième cadette, ne devait pas l'être davantage, bien que tenant par la naissance à tout ce qu'il y avait de plus considérable, ce qui les plaçait dans une position qu'ils ne purent soutenir sans grever leur patrimoine et sacrifier l'avenir de leurs enfants. Dès 1478, ses terres de la Dauphinais et de Villepie étaient tombées en la possession de Jean de Lescoët, maître des eaux et forêts de Saint-Aubin-du-Cormier, maître de l'artillerie et capitaine général des francs-archers de Bretagne. Guillaume II épousa une femme nommée JEANNE (1), qui était veuve de lui en 1498, et demeurait alors dans la ville de Châteaubriant. De ce mariage vinrent :

1° Pierre *de Cornulier,* qui suit.

2° René DE CORNULIER, premier secrétaire de François de Laval, mort à Châteaubriant au mois de juin 1546, épousa Mathurine RONCERAY, dont il eut :

A. Jean *de Cornulier,* mort à Châteaubriant le 4 mars 1610, ne paraît pas avoir été marié.

B. Étiennette *de Cornulier,* mariée à Jean *Bouschet,* avec lequel elle vivait en 1560, et dont elle a laissé postérité.

C. Marie *de Cornulier,* morte à Châteaubriant le 15 juillet 1573, sans alliance.

---

(1) Si la femme de Guillaume II de Cornulier n'est pas désignée autrement, il n'y a pas lieu de s'en étonner, car Nicolas Catherinot a justement remarqué en l'un de ses opuscules (*Tombeau généalogique,* p. 38) que, « en ce siècle, 1400, et longtemps auparavant, les femmes mariées per- » daient leur nom de famille et se retranchaient à leur seul nom de baptême ». Ce dernier nom était même omis fréquemment, comme nous en trouvons un exemple contemporain, et dans le pays même, par l'extrait suivant des registres de la paroisse de Jans, à la date du 18 avril 1509 : » *Baptisatus fuit Bertrandus Paris, filius nobilis viri Francisci Paris, dominus temporalis du* » *Chastenay, et ejus uxoris* », sans autre désignation.

D. Antoinette *de Cornulier,* non mariée, enterrée dans la chapelle de Saint-Nicolas de Châteaubriant le 29 octobre 1586.

E. Guillemette *de Cornulier,* dont on ignore le sort.

V. — Noble écuyer Pierre DE CORNULIER, Ier du nom, filleul de l'évêque Pierre de Laval, seigneur de la Haudelinière, dans la paroisse de Nort, était, en 1487, capitaine des arquebusiers à cheval de François de Laval, baron de Châteaubriant, sous les ordres duquel il fit la guerre de 1488, de la Bretagne contre la France. C'est à lui que s'arrêtent les preuves faites à la réformation de 1668. Il épousa, vers 1490, Marie DE CONCORET, d'une famille qui tirait son nom de la paroisse de Concoret, entre Ploërmel et Montfort-la-Canne, et dans laquelle le comte de Laval possédait le château de Comper, une des plus fortes places de la Bretagne, à la garnison duquel son père et lui avaient sans doute appartenu. De ce mariage ne vint qu'un fils unique :

VI. — Noble écuyer Pierre DE CORNULIER, IIe du nom, seigneur de la Haudelinière, succéda à son père dans la charge de capitaine des arquebusiers à cheval du sire de Châteaubriant, qui était alors Jean de Laval. Il suivit ce seigneur dans les guerres d'Italie sous François Ier, et fut récompensé de ses services par les lettres de don qui suivent.

« Jehan, sire de Châteaubriant, de Montafilant, de Candé,
» Derval et Malestroit, comte de Plorhan, gouverneur et lieu-
» tenant-général pour le Roi en Bretagne, à tous ceux qui ces
» présentes lettres verront, salut ; savoir faisons que en faveur,
» reconnaissance et rémunération des bons et agréables services
» que *noble écuyer Pierre Cornulier* nous a ci-devant faits en la
» charge de capitaine de nos arquebusiers à cheval, y continue de
» jour en autre, et espérons fera de bien en mieux à l'avenir, à
» icelui pour ces causes et autres bonnes et justes considérations
» à ce nous mouvant, même pour ce que très-bien nous plaît,
» avons donné et octroyé et par ces présentes donnons et
» octroyons tout le droit et devoir de deshérence à nous ap-
» partenant, échu et advenu sous nos fiefs, juridiction et
» seigneurie de Châteaubriant par le décès du feu sieur François
» de Carné, en son vivant capitaine dudit lieu, à quelque valeur
» et estimation qu'il se puisse monter, tant meubles, maisons,
» héritages que autres choses, pour en jouir et user par ledit
» *Cornulier,* ses hoirs, successeurs et ayant de lui cause à
» jamais et perpétuellement par héritage, en payant les rentes
» et devoirs sur ce dûs et accoutumés ; et mandons à nos offi-
» ciers dudit Châteaubriant, et à chacun d'eux en son regard
» et comme à lui appartiendra, mettre et induire de par nous
» ledit sieur *Cornulier* en possession réelle et actuelle desdites
» choses, tant meubles que héritages, faire lever et ôter les
» sceaux mis et apposés sur lesdits meubles toutes et quantes
» fois que ledit *Cornulier* les en réquerra, et du tout d'icelle
» deshérence le faire et laisser jouir pleinement, paisiblement
» et entièrement, sans lui faire ni souffrir être fait aucun
» trouble ni empêchement ; au contraire, lequel si fut mis ou

» donné était, justement et sans délai l'ôter et mettre en pleine
» et entière délivrance, car tel est notre plaisir. Donné à
» Châteaubriant le 10 août 1533. Signé Jehan DE LAVAL ; et
» plus bas : par monseigneur et de son commandement, signé :
» *Cronfil* et *Savage*, et scellé. »

Pierre II *de Cornulier* resta au service de Jean de Laval
jusqu'à la mort de ce seigneur, arrivée en 1543, et passa alors
à celui de son parent et successeur au gouvernement de la
Bretagne, Jean de Brosse, dit de Bretagne, comte de Penthièvre
et duc d'Étampes. Les registres de la chancellerie de Bretagne
mentionnent, à la date du 19 janvier 1536, une évocation en
sa faveur contre Gilles du Tiercent. Il mourut en 1554, et
avait été marié deux fois : en premières noces avec Louise
DES VAULX, de la maison de Lévaré, près d'Ernée, au Maine ;
et, en secondes noces, par contrat du 5 février 1525, avec
Jeanne LE ROYER, fille aînée de noble homme Hervé Le Royer
et de Louise *de Brye de la Juyère*. Ses enfants furent :

DU PREMIER LIT :

1° Jeanne *de Cornulier*, morte sans postérité.

DU DEUXIÈME LIT :

2° Pierre III *de Cornulier*, qui suit.

3° Michel *de Cornulier*, né à Châteaubriant le 2 juillet 1531, mort
jeune.

4° Michelle *de Cornulier*, partagée noblement par son frère le 10
juillet 1555, fut mariée à Jean *Baril*, écuyer, dont elle n'eut
qu'une fille, Thommie Baril, mariée, en 1573, à Raoul *Charette*,
seigneur de l'Étang, prévôt de Nantes, père de Jean Charette,
seigneur d'Ardennes, grand prévôt de Bretagne.

VII. — Noble écuyer Pierre DE CORNULIER, IIIe du nom,
seigneur de la Pénicière, dans la paroisse de la Bernardière,
près Clisson, en 1560; de la Touche, la Rivière, la Croix-
Merhan, Beaujonnet, la Haye-Poil-de-Grue et Rozabonnet, en
Nozay, en 1563; de la Haye, en Sainte-Luce, près Nantes,
en 1567; de la Bourdinière et de la Motte-Grimaud ou Plessis-
Grimaud, en Puceul, en 1580; de Lucinière et de Fayau, en
Nort, en 1585; vicomte de Rezé, près Nantes, en 1560, etc.
Secrétaire particulier du Roi et de la Reine et premier secrétaire
du duc d'Étampes, gouverneur de Bretagne, et de son successeur, Sébastien de Luxembourg, vicomte de Martigues, dit
le Chevalier-sans-Peur, colonel-général de l'infanterie française;
entra à dix-sept ans au service du premier de ces lieutenants-
généraux et y resta jusqu'à la mort du second, arrivée en
1569. Il fit sous leurs ordres les guerres de Picardie et autres,
en 1552 et 1553, et fut gratifié pour ses services d'une pension
de 200 livres sur les États de Bretagne, ainsi qu'on le voit par
les états des officiers militaires et nobles pensionnaires de ladite
province des années 1560 et 1571.

En 1555 et 1557, il fut pourvu de l'office de receveur des
fouages, impôts et revenus de la gendarmerie des évêchés de
Saint-Brieuc et de Cornouaille; mais il faisait gérer ces recettes
par des fondés de pouvoir et continuait à exercer personnel-
lement ses fonctions auprès du gouverneur de la province.
René du Cambout, seigneur dudit lieu, le cautionna pour la
première de ces recettes, et Jean du Perrier, puîné des comtes
de Quintin, pour la seconde.

Le 20 novembre 1565, le juge de la cour de Clisson décerne
acte à noble homme Pierre *de Cornulier*, vicomte de Rezé,

seigneur de la Touche et de la Pénicière, pensionnaire du Roi en Bretagne, receveur de Cornouaille, de ce qu'il est venu exprès en cette ville pour rendre foi et hommage à cause de la terre de la Pénicière, par lui acquise; et, attendu l'absence du seigneur de ladite cour, lui donne terme et répit.

Par acte du 17 avril 1575, Claude du Matz, seigneur de la Rivière d'Abbaretz, lui céda le patronage de la Chapelle de Saint-Michel, en l'église de Nozay, qui avait été fondée, en 1437, par Jeanne du Moulin, dame de la Croix-Merhan et de la Touche, dont il était l'héritier.

Pierre *de Cornulier* fut reçu maître des comptes à Nantes, le 30 septembre 1568, et pourvu deux ans plus tard, le 10 octobre 1570, de l'office de trésorier de France et général des finances, tant ordinaires qu'extraordinaires, en Bretagne.

En 1565, le roi Charles IX lui fit remise, « en considé-
» ration des bons et agréables services qu'il lui avait rendus et
» à ses prédécesseurs ainsi qu'à ses cousins, le duc d'Étampes
» et le vicomte de Martigues, de ceux qu'il fait encore et espère
» qu'il continuera, de tous les droits qui lui étaient dus pour
» raison de son acquisition de la vicomté de Rezé. » En 1575,
son successeur lui fit don de 671 écus, « tant en consi-
» dération de ses longs services que pour lui aider à supporter
» les frais et dépenses de plusieurs commissions qui lui ont été
» adressées pour ses affaires et service, et d'autres qu'il lui a
» longtemps auparavant et depuis faites en tant d'autres sortes
» qu'il en a tout contentement. » Enfin, en 1577, Henri III,
« regrettait que l'urgente nécessité de ses affaires ne lui permît
» pas, comme il l'eût bien désiré, de récompenser selon leur
» mérite les longs et recommandables services que son amé et

» féal le sieur *de la Touche-Cornulier* avait faits à ses prédé-
» cesseurs rois, père et frère, et à lui, tant en son état de
» trésorier de France qu'en plusieurs autres importantes
» charges et commissions ès quelles il avait été employé. »

Par lettres du 7 août 1585, Madeleine de Savoie, duchesse
douairière de Montmorency, lui fit aussi remise des lods et
ventes qui lui étaient dus pour raison de son acquisition de la
terre et seigneurie de Lucinière, sous sa châtellenie de Nozay.

Pierre *de Cornulier* fut encore pourvu d'une commission
pour faire travailler aux fortifications de la ville de Nantes, de
1572 à 1578. Il avait été élu maire de cette ville en 1569 et
le fut deux ans. Il assista, en qualité de commissaire du roi,
aux États assemblés à Vannes en 1582, et à ceux qui furent
assemblés à Nantes en 1585. Il mourut à Nantes le 27 mars
1588 et fut enterré dans l'église de Sainte-Radégonde de cette
ville, où sa veuve fonda, par acte du 8 mai 1588, une messe
par semaine et une chapelle prohibitive avec enfeu pour sa
famille, ainsi que son mari l'avait prescrit par son testament.
Ses funérailles furent faites par le chapitre de la cathédrale,
distinction qu'il n'accordait, d'après ses statuts, qu'aux personnes de grande qualité.

Pierre III *de Cornulier* avait cru devoir réunir à ses armes
celles de sa femme, qui était la dernière de son nom. Elle
portait : *d'azur à trois mailles d'argent;* il ajouta ces trois
mailles en pointe de son écusson, 2 et 1; c'est ainsi qu'elles
figurent sur son cachet particulier et sur les sceaux de ses
juridictions. Ces mailles étaient de petites pièces de monnaie
portant l'empreinte d'une croix pattée, et c'est à tort que
Le Livre doré de l'Hôtel-de-Ville de Nantes les a confondues

avec des bezants. Cette addition ne fut pas adoptée par ses
enfants; ils reprirent leur ancien blason dans sa pureté pri-
mitive.

Les témoins entendus dans l'enquête faite en 1593, pour
l'ordination de son fils, déposent « qu'il était extrêmement
» aimé, estimé et apprécié du duc d'Étampes; que le vicomte
» de Martigues ne l'avait pas en moindre affection et estime que
» son oncle; que tous les deux le consultaient habituellement,
» non-seulement pour leurs affaires particulières, mais encore
» pour les grandes et importantes affaires de leur gouver-
» nement, car il était des mieux entendus dans l'administration
» des affaires d'État et des finances, tenu pour personnage de
» valeur et de mérite, recherché et employé en toutes occasions
» importantes. Qu'il était très-versé et expérimenté dans sa
» charge de général des finances, et qu'il la remplit heureu-
» sement et avec honneur jusqu'à sa mort. Que depuis l'an
» 1582, où le duc de Mercœur prit le gouvernement de la
» Bretagne, il fut constamment appelé dans ses conseils et
» consulté sur toutes les affaires les plus importantes qui
» survenaient. Que ce prince et son illustre épouse, fille du
» vicomte de Martigues, le tenaient en grand honneur et
» estime et lui rendaient ce témoignage insigne d'être l'un
» des meilleurs, des plus fidèles et des plus vertueux conseillers
» d'État qu'ils eussent connu. Que dans ses fonctions de premier
» secrétaire des gouverneurs de Bretagne, comme dans les
» autres charges et emplois qu'il a maniés pour le service des
» rois très-chrétiens de bonne mémoire: Henri II, François II,
» Charles IX et Henri III, ledit défunt *Cornulier* s'acquit une
» telle réputation de piété, de probité et de fidélité, qu'il était

» en grande estime et considération parmi tous les gens de bien,
» et réputé et tenu pour homme d'honneur des plus dignes,
» de droite et parfaite conscience, non-seulement en cette
» province de Bretagne, mais encore par tout le royaume.
» Qu'il a constamment demeuré en la ville de Nantes depuis
» l'époque de son mariage ; que sa femme et lui y étaient
» connus notoirement, ainsi que dans les environs, comme
» gens de bonne race, des meilleures et des plus anciennes
» familles du pays; vivant honorés et respectés de tous. »

Pierre III *de Cornulier* épousa à Nantes, par contrat du
6 juin 1563, Claude DE COMAILLE, fille aînée et principale héritière de noble écuyer Toussaint de Comaille, seigneur de
Saint-Melaine, contrôleur général de la marine du Ponant,
ancien premier secrétaire de l'amiral d'Annebaud, ministre
tout puissant et d'une rare intégrité, sous François Ier, et gouverneur du Piémont, au service duquel il était resté pendant
vingt-cinq ans, et de Perrine *Vivien,* dame de la Touche, en
Nozay, et du Boisraguenet, en la paroisse d'Orvault. Cette
Perrine Vivien avait été mariée en premières noces avec Pierre
Piraud, secrétaire intime de Jean de Laval, baron de Châteaubriant et gouverneur de Bretagne, au service duquel il
était resté pendant plus de quatorze ans. Il en avait reçu en
récompense, par lettres des plus flatteuses, datées de Chantilly
le 19 novembre 1538, le don de la terre de Taillecol, dans
la paroisse de Rougé, que ce seigneur venait de recevoir en
paiement de René du Rouvre. Perrine Vivien n'avait pas eu
d'enfants de Pierre Piraud, et la terre de la Touche était un
acquêt de leur communauté.

Claude de Comaille, femme de grand mérite, honneur et

religion, disent les témoins entendus dans l'enquête de 1593, rendit aveu à la seigneurie de Clisson, en 1592, pour la terre de la Pénicière, et acquit de Jean du Fresche, en 1593, la terre et seigneurie de Toulan, en Nozay, qu'elle réunit à la Touche. Par acte du 5 mars 1599, elle investit son fils aîné de la succession noble et avantageuse de son père et de la sienne propre, avec prière de partager ses puînés de son vivant. Elle mourut à Nantes, comme son mari, et fut inhumée près de lui dans le caveau de Sainte-Radégonde, le 27 avril 1601; ce fut également le chapitre de la cathédrale qui fit ses funérailles. Elle n'avait qu'une sœur cadette, Gillette de Comaille, à laquelle son mari avait donné partage noble, en 1567, dans les successions de leurs père et mère, et qui fut mariée à Robert *Thévin,* seigneur de la Durbellière, en Anjou, conseiller au Parlement de Bretagne; puis président aux enquêtes du Parlement de Paris. De ce mariage vinrent deux fils, François et Guillaume Thévin. Ce dernier, conseiller au Parlement de Bretagne, ne laissa que deux filles mariées, l'une au baron de Cicé, conseiller au même Parlement, et l'autre à Jacques Huteau, seigneur des Burons, président en la Chambre des Comptes de Nantes. François Thévin, l'aîné, maître des requêtes, laissa un fils et deux filles, savoir : Denis Thévin, comte de Montreveau, vicomte de Sorges, marié successivement avec Madeleine *de Beauveau* et avec Isabeau *de Clermont-Tonnerre,* dont il ne laissa pas de postérité; Denise Thévin, femme d'Alphonse-Henri *de Montluc,* marquis de Balagny, fils du maréchal prince souverain de Cambray; et Renée Thévin, mariée, en 1633, à Charles *de la Rochefoucauld-Fonsèques,* marquis de Montendre.

Pierre III *de Cornulier* laissa de Claude de Comaille trois fils et quatre filles, qui suivent :

1° Claude *de Cornulier*, aîné, dont l'article suit.

2° Jean *de Cornulier*, auteur de la BRANCHE DES SEIGNEURS DE LUCINIÈRE, sur laquelle nous reviendrons.

3° Pierre *de Cornulier*, né à Nantes en 1575, fut, dit l'enquête de 1593, nourri avec ses frères dans la maison paternelle et élevé libéralement et honorablement dans l'amour et la crainte de Dieu et la pratique de ses saints commandements, sous l'obéissance de la religion catholique, apostolique et romaine, dont leurs auteurs leur donnaient eux-mêmes l'exemple. Il fut, dès son enfance, destiné par son père à l'état ecclésiastique, et, depuis sa mort, sa mère ne négligea rien pour le confirmer dans cette vocation. On l'appliqua de bonne heure à l'étude, et il y profita si bien qu'à l'âge de 18 ans il avait déjà acquis le grade de licencié en droit civil et canon. Ce fut alors que, pour obéir à la volonté de son père, aux désirs de sa mère et à sa propre inclination, il se présenta pour entrer dans les ordres sacrés, et fut immédiatement pourvu du Doyenné de la cathédrale de Nantes et du Prieuré de Saint-Jacques de Pirmil, par la résignation que lui en fit Tristan Guillemier. Il fut reçu conseiller clerc au Parlement de Bretagne le 17 septembre 1597 ; nommé abbé commendataire de Sainte-Croix-de-Guingamp, en 1598 ; de Saint-Méen-de-Gaël, en 1604, où il fonda un bel hôpital pour les malades attaqués de l'espèce de galle nommée mal de Saint-Méen ; et de Blanche-Couronne, près de Savenay, en 1612. Fut nommé commissaire des États près la Chambre des Comptes de Bretagne, en 1613. Assista, comme député du clergé de Bretagne, aux États-Généraux assemblés à Paris, du 13 octobre 1614 au 23 février 1615, fut nommé, en 1617, évêque de Tréguier et conseiller du roi en ses conseils d'État

et privé, et assista, au mois de décembre de la même année,
à l'assemblée des Notables tenue à Rouen. Fut transféré de
l'évêché de Tréguier à celui de Rennes, au mois de mars 1619;
prêta serment entre les mains du Roi, dans l'église de Saint-
Julien de Tours, le 9 septembre suivant, et fit, dans le même
mois, son entrée solennelle dans sa nouvelle cathédrale.
Il protégea, d'une manière toute particulière, l'établissement
de l'ordre de la Visitation dans son diocèse, par suite de la
haute opinion qu'il avait conçue de sa fondatrice. Ayant ren-
contré par hasard Mme de Chantal à Aix, en Provence, en 1636,
il fut tellement touché de la seule vue de la bienheureuse, qu'il
se mit à genoux et lui demanda sa bénédiction; mais cette
humble mère se prit à trembler, les larmes lui vinrent aux
yeux, et elle demeura interdite sans pouvoir dire un mot.
Dès lors l'évêque, ravi de ce qu'il voyait, résolut de faire le
voyage de Savoie, « afin, disait-il, de jouir à souhait, une
» bonne fois en ma vie, des salutaires discours de cette sainte.»
Il fonda lui-même, en 1622, le monastère et l'église des pères
Minimes, sur la Lice, à Rennes, avec tombe et enfeu pour sa
famille, dans leur église; puis, en 1637, une chapelle prohibitive, en la cathédrale de Saint-Pierre de Rennes, avec enfeu,
tombe et banc pour lui et ses successeurs aînés de sa famille.

Pierre *de Cornulier* présida les États assemblés à Rennes,
en 1621, et ceux qui furent assemblés à Nantes, en 1636.
Assisté des cardinaux de Retz et de la Valette, il harangua,
au nom du clergé de France, le roi Louis XIII, à Bordeaux,
le 18 octobre 1621. Rien de plus noble et de plus sage que
les vues exposées dans sa harangue, dit l'économiste Véron
de Forbonnais; ses énergiques remontrances sur les menées
coupables des Calvinistes, firent le plus grand honneur à
l'éloquent prélat, ajoutent Le Long et Fontette dans leur
Bibliothèque historique de la France. Louis XIII, la Reine-
mère et *Monsieur* ayant fait en personne l'ouverture des États
assemblés à Nantes, le 11 juillet 1626, les États désignèrent
Pierre de Cornulier pour remercier le Roi. Il fit encore au

maréchal de Thémines, gouverneur de Bretagne, lors de son
entrée solennelle à Rennes, le 21 avril 1627, une harangue
qui, dit le *Mercure français* de l'époque, fut admirée pour son
éloquence. En 1637, il fut député par les États, pour le
clergé, vers Louis XIII, près duquel il jouissait d'un grand
crédit aussi bien que près du cardinal de Richelieu qui le
consultait volontiers. C'était un des hommes les plus instruits
de son temps, et le père Louis Jacob, carme, dans son *Traité
des plus belles Bibliothèques*, cite celle que Pierre *de Cornulier*
avait rassemblée à grands frais et avec beaucoup de soins. Il
publia, en 1638, sous le nom des États, un écrit qui a pour
titre : *Raisons des États de Bretagne pour justifier que l'In-
dult du Parlement de Paris ne doit avoir lieu en ladite Province*, in-8°, et qui est cité avec éloges par le jurisconsulte
breton Michel Sauvageau.

Pierre *de Cornulier* contribua généreusement à l'édifice de
sa cathédrale et assista en digne pasteur son peuple affligé
de la contagion durant dix ans, visitant assidûment les malades et administrant lui-même la sainte communion aux
pestiférés. Il donna libéralement pour le vœu que le corps de
ville fit à Notre-Dame-de-Bonne-Nouvelle, et officiait à la
procession faite le 8 septembre 1634, à la suite de laquelle
la contagion cessa miraculeusement. Fort entier sur les
droits de son siége, il eut à ce sujet plusieurs différends avec
le Parlement et avec la Communauté de ville, qui refusèrent
à cette occasion de marcher en corps à ses processions; mais
il apportait la même fermeté en tout ce qui était juste, et il
ne fallut rien moins que son énergie pour faire réformer, en
1627, la puissante mais fort peu édifiante abbaye de Saint-
Melaine de Rennes. Prélat véritablement homme de bien,
d'une vie pénitente et austère, d'une grande pureté de mœurs
et d'un détachement digne d'être proposé pour modèle; il
mourut âgé de 64 ans, après vingt-deux ans d'épiscopat,
le 22 juillet 1639, à son manoir des Croix, depuis nommé
les Trois-Croix, dans la paroisse de Saint-Martin, près Rennes,

et fut inhumé dans la chapelle qu'il avait fondée dans sa cathédrale.

Son portrait a été gravé par Lasne, in-4°.

4° Charlotte *de Cornulier*, mariée le 26 mai 1594 à René *Champion*, baron de Cicé, en la paroisse de Brutz, près Rennes, chevalier de l'ordre du Roi, fils de Georges Champion, seigneur des Croix, en la paroisse de la Chapelle-des-Fougerets, et de Bertranne de la Chapelle de la Rochegiffart. De ce mariage ne vint qu'un fils unique, Charles Champion, baron de Cicé, conseiller au Parlement de Bretagne, qui épousa Judith Thévin, cousine-germaine de Charlotte de Cornulier, sa mère. Leur postérité s'est perpétuée jusqu'à nos jours.

5° Marie *de Cornulier*, mariée en 1594 à Jacques *de Launay*, seigneur dudit lieu et de Saint-Germain, conseiller d'État et président à mortier au Parlement de Bretagne. Elle mourut à Nantes, sans postérité, le 24 avril 1600, et fut inhumée dans l'église de Sainte-Radégonde; ce fut le chapitre de la cathédrale qui fit ses obsèques.

6° Anne *de Cornulier*, mariée à Nantes, par contrat du 21 janvier 1604, à Guillaume *de la Noue*, comte de Vair, seigneur de Crazelles, Crenolles, etc., conseiller au Parlement de Bretagne, intendant de la Reine, chancelier de la duchesse d'Orléans; fils de Charles de la Noue, seigneur de Grigné-le-Brisay, en Touraine, de Vaubreton, etc., aussi conseiller au Parlement de Bretagne, maître des requêtes de l'hôtel et chancelier du duc d'Anjou, frère de Henri III, et de Marie de la Barre de la Beausseraye. De ce mariage vinrent deux fils et deux filles, savoir: Henri de la Noue, conseiller au Parlement de Bretagne, auteur des seigneurs de Bogar, dans l'évêché de Saint-Brieuc, qui subsistent encore; Charles de la Noue, conseiller d'État, auteur des comtes de Vieux-Pont, qui ont donné plusieurs officiers généraux à l'armée; Hélène de la Noue, femme de Jean de Saint-Pern, seigneur du Lattay; et Éléonore de la Noue, mariée à M. de Maudet.

7° Philippe *de Cornulier*, religieuse de l'ordre de Saint-Benoît,
fut la dernière prieure du prieuré de Saint-Malo-de-Teillay,
ou de Teillay-aux-Nonnains, dans la paroisse d'Ercé-en-la-
Mée. Elle se rendit à la clôture en 1620.

VIII. — Claude DE CORNULIER, Ier du nom, seigneur des
Croix, en la paroisse de Saint-Martin-lès-Rennes, de la Haye,
des Gravelles, en la paroisse de Saint-Onen, de Lohingat, paroisse de Guer, de la Grande-Guerche, de la Touche, etc.,
naquit à Nantes, en 1568, fut nommé trésorier de France et
général des finances en Bretagne, par lettres du 20 mars 1588,
et en prêta le serment entre les mains du chancelier de France
le surlendemain. Il assista en qualité de commissaire du Roi
aux États assemblés à Rennes en 1590 et en 1593. Donna
partage noble à ses puînés dans les successions paternelle et
maternelle par acte passé à Nantes, le 20 février 1601, et les
partagea de nouveau, en 1639, comme héritier principal et
noble de messire Pierre de Cornulier, évêque de Rennes, son
frère. Il fut reçu maire de Nantes, suivant la volonté du Roi,
le 13 juillet 1605 et demeura en exercice jusqu'en 1607; c'est
lui qui fit construire la belle galerie à arcades qui forme la
façade principale de l'Hôtel-de-Ville. En 1620, il fit bâtir le
chœur de l'église paroissiale de Sainte-Luce, près Nantes, et,
à cette occasion, le chapitre de la cathédrale, qui avait la
seigneurie de la paroisse, lui permit d'y mettre ses armes aux
vitraux et ailleurs, pourvu que ce fût au-dessous de celles du
chapitre. Déjà, en 1601, il avait fait construire dans cette
église une chapelle privative pour y mettre son banc et ter-

miner ainsi des difficultés que les chanoines avaient élevées à ce sujet dès 1587. Il fut pensionné du Roi, le 17 février 1630, après quarante-six ans de services. Reçu conseiller d'honneur en la Chambre des Comptes de Bretagne, le 30 mai 1634, puis conseiller du Roi en ses conseils d'État et privé.

Par lettres patentes, données à Paris le 9 février 1611, signées du Roi, la reine-régente sa mère présente, et enregistrées au Parlement de Bretagne le 11 octobre 1611, les terres, fiefs et seigneuries de la Touche, Toulan, la Rivière, la Croix-Merhan, Rozabonnet et Procé, dans la paroisse de Nozay, furent unis et érigés en titre de châtellenie, sous le nom de la Touche, « en récompense des bons et agréables services, dit le » Roi, que notre cher et bien amé Claude *de Cornulier,* notre » conseiller, trésorier de France et général de nos finances en » notre pays et duché de Bretagne, a rendus au feu Roi, notre » très-honoré seigneur et père que Dieu absolve, en plusieurs » occasions importantes à son service et au bien de ses affaires; » espérant aussi qu'avec non moindre affection et fidélité, il » continuera de bien en mieux sesdits services à l'avenir, et » voulant non-seulement les reconnaître en sa personne, mais » aussi faire passer jusqu'à sa postérité le témoignage du » contentement que nous en avons par l'accroissement et » augmentation des titres et qualités des terres qui lui appar-» tiennent, etc. »

Ce titre de châtellenie fut encore reconnu à la Touche par le prince de Condé, seigneur supérieur, suivant sentence arbitrale du 17 mai 1634, et depuis lors cette terre ne fut plus connue dans les actes que sous le nom de *la Touche-Cornulier,* pour la distinguer des autres terres du même nom.

Par brevet, en date du 2 février 1605, le connétable Henri de Montmorency avait octroyé à Claude de Cornulier la permission de mettre un banc prohibitif dans l'église paroissiale de Nozay, au chœur, du côté de l'épître, près de la chapelle Sainte-Anne; à la charge de tenir ledit banc de lui à foi, hommage et rachat fixé à un écu d'or à chaque mutation du seigneur de la Touche. Cette concession lui fut confirmée par lettres du prince de Condé du 22 septembre 1630, et, le 26 septembre 1633, Claude de Cornulier fit dresser, par le sénéchal de Nozay, un procès-verbal de sa prise de possession.

Claude *de Cornulier* ne fut pas un homme moins éminent que son père et que ses frères. Nommé général des finances de Bretagne à l'âge de vingt ans, la Chambre des Comptes refusa de vérifier sa nomination à cause de sa jeunesse; mais François Myron, son co-général, qui avait été aussi le collègue de son père, et, par suite, à même de juger son mérite et sa maturité précoce, n'hésita pas à déclarer à la Chambre qu'il prenait sous sa responsabilité personnelle la gestion de son jeune associé. En conséquence, les lettres de dispense d'âge pour cette charge, qui lui avaient été accordées en considération des longs et recommandables services de son père, furent enregistrées à la Chambre des Comptes le 27 mai 1588, avec cette restriction qu'il ne pourrait faire aucune expédition, sans l'assentiment de son co-général, jusqu'à ce qu'il eût atteint l'âge compétent. Impatient de cette entrave, Claude de Cornulier s'adressa au Roi qui, par lettres du 8 février 1592, le dispensa de l'obligation que la Chambre lui avait imposée : « Sur ce qu'il s'est » si bien comporté et a acquis l'expérience et capacité suffi- » sante pour pouvoir seul bien et fidèlement exercer sa charge,

» ainsi qu'il nous l'a fait paraître en notre Conseil, où il a
» rendu preuve et raison de tous les principaux points de ladite
» charge, dont nous sommes trouvés grandement satisfaits;
» ce qu'il vous avait autrefois offert faire connaître par l'examen
» auquel vous n'auriez aucunement voulu entendre, vous ar-
» rêtant au bas-âge qu'il avait lors de sa réception, duquel
» toutefois nous l'avions dispensé..... A ces causes, par l'avis
» de notre Conseil, voulons qu'il entre immédiatement dans le
» plein exercice de sa charge. »

Il n'avait encore que 22 ans lorsque le Roi le nomma son
commissaire près des États de Bretagne, mission toujours difficile et singulièrement délicate dans les temps de troubles où
l'on était alors. Pendant sa longue carrière, il ne démentit
jamais la bonne opinion qu'il avait fait concevoir de lui à son
début. Imposé comme premier magistrat à la ville de Nantes,
qui avait le droit d'élire son maire, il sut, malgré l'agitation
des esprits, se concilier l'assentiment général. Dans les lettres
d'honneur qu'il lui accorda en 1634, après la résignation de
sa charge, le Roi dit que, « désirant reconnaître les bons et
» fidèles services rendus au feu Roi, à lui-même et au public,
» en plusieurs occasions et durant quarante-six ans, par son
» amé et féal Claude *Cornulier,* seigneur de la Touche, il ne
» veut pas se priver de sa longue expérience et de la connais-
» sance qu'il a acquise de son office, ni qu'après avoir consumé
» la plus grande partie de sa vie il soit exclu des marques
» d'honneur dont il avait tenu à qualifier un homme de mérite
» qui l'avait par si longtemps, si dignement et si fidèlement
» servi; en conséquence, lui permet, par grâce spéciale, de se
» nommer, le reste de ses jours, trésorier général de France

» en Bretagne, nonobstant la résignation qu'il a faite de sondit
» office ; lui accorde entrée, séance et voix délibérative en la
» Chambre des Comptes, chaque fois qu'il voudra s'y rendre ;
» et lui conserve la jouissance des honneurs, prééminences,
» immunités et privilèges de son ancienne charge, comme au
» temps où il l'exerçait. »

Zélé catholique, mais opposé à la Ligue, il fut renfermé
pendant dix mois, en 1589, dans le château de Nantes, par
ordre du Duc de Mercœur qui, désespérant de se l'attacher,
finit par lui permettre de se retirer à Rennes, qui était sous
l'obéissance du Roi, pour y continuer l'exercice de sa charge.
Sa résistance ne lui aliéna même pas ce prince, car, par lettres
du 8 mars 1590, il décharge sa mère de la caution qu'elle lui
avait donnée pour obtenir l'élargissement de son fils et de
l'obligation qu'elle avait contractée de le représenter lorsqu'il
lui plairait le mander ; la tenant pour quitte sans qu'elle puisse
être aucunement en peine ni recherchée. Par autres lettres de
1594, il ordonne de lui payer une somme considérable qui lui
restait due. Enfin, le conseil souverain de la Ligue, séant à
Nantes, ayant ordonné, en 1589, de raser le château de
Lucinière aux dépens de Claude de Comaille, qui en était propriétaire, cette dame eut recours à la Duchesse de Mercœur et
obtint que cette résolution serait modifiée : on se borna à dé-
manteler la place ; le château ne fut point abattu et quelques
soldats y furent placés en garnison pour le défendre.

Le 8 juin 1615, Claude *de Cornulier* avait obtenu de l'évêque
et du chapitre l'autorisation de fonder, pour lui et pour toute sa
postérité, dans la chapelle de Saint-Clair de la cathédrale de
Nantes, un anniversaire solennel, d'y avoir un enfeu prohibitif

à tous autres et d'y faire élever un tombeau dans l'épaisseur de la muraille; ce qui fut accordé en considération des bienfaits dont lui et les siens avaient obligé cette église. C'est là qu'il fut inhumé, le 15 novembre 1645. Il était mort le 11, et le chapitre décida que dorénavant l'anniversaire qu'il avait fondé, et qui se célébrait le 9 octobre, serait reporté au 10 novembre.

A cette époque, les chapelles de Saint-Clair et de Saint-Félix étaient dans le chœur même de la cathédrale; mais, en 1733, ces deux chapelles furent supprimées pour agrandir le sanctuaire, et l'autel de Saint-Clair réédifié dans le transept méridional, contre le mur de la sacristie. A l'occasion de ce déplacement, le chapitre décida que, pour se conformer autant que possible à l'acte de fondation du 29 juillet 1615, le mausolée de Claude *de Cornulier* serait placé dans le mur de l'ancienne chapelle de Saint-Clair, immédiatement au-dessus de l'enfeu, et le plus près que faire se pourrait de l'entrée du chœur, avec les armoiries de la même façon qu'elles étaient auparavant. Depuis que ces changements ont été opérés, et même depuis l'année 1700, il ne paraît pas qu'aucun membre de la famille du fondateur ait été inhumé dans l'enfeu de Saint-Clair. De nos jours, l'autel de Saint-Clair a encore subi un nouveau déplacement; il a été rétabli dans la première chapelle du bas-côté du midi.

Claude *de Cornulier* épousa à Rennes, par contrat du 6 décembre 1601, Judith FLEURIOT, dame de l'Étang, dans les paroisses de Plouasne et de Saint-Pern, et du Roudourou, en Plouizy, près Guingamp, fille de feu Pierre Fleuriot, doyen des conseillers au Parlement de Bretagne, et de Jeanne *Loysel,* de la maison des marquis de Brie et de Chambière. Judith Fleuriot fut mariée par l'autorité de son oncle, Jean Fleuriot, abbé de Bégar, et resta seule héritière de la branche des Fleuriot du Roudourou à la mort de son frère unique, décédé sans postérité. Claude *de Cornulier* et sa femme partagèrent leurs enfants de leur vivant (ce que la coutume de Bretagne ne permettait qu'aux personnes de condition noble et avantageuse), par acte passé à Nantes le 30 juillet 1644 ; tous les deux moururent dans cette ville l'année suivante. Ils eurent au moins quatorze enfants, savoir :

1° Pierre IV *de Cornulier,* qui suit.

2° Claude *de Cornulier,* né à Nantes le 6 juillet 1615.

3° Hercule *de Cornulier,* nommé à Nantes, le 12 février 1617, par Hercule de Rohan, duc de Montbazon, gouverneur du comté nantais.

4° Charles *de Cornulier,* auteur de la BRANCHE DES SEIGNEURS DE LA CARATERIE, rapportée plus loin.

5° Louise *de Cornulier,* née à Nantes le 6 juillet 1605.

6° Claude *de Cornulier,* née à Nantes, le 11 novembre 1606, mariée dans la même ville, le 14 août 1620, à Gabriel, marquis *de Goulaine,* baron du Faouët, vicomte de Saint-Nazaire, seigneur du Pallet, du Loroux-Bottereau, etc., chef de sa maison, chevalier de l'ordre du Roi, fils de Gabriel de Goulaine, commandant pour la Ligue en Anjou, Poitou et partie de la Bretagne, et de Françoise de Bretagne, fille d'Odet de Bretagne, comte de Vertus et de Goëllo, baron d'Avaugour et d'Ingrandes, premier baron de Bretagne. Claude de Cornulier mourut à Nantes, le 21 août 1674, et

fut inhumée à Haute-Goulaine; elle laissait cinq enfants:
Louis, comte de Goulaine, qui se fit jésuite en 1654; Marie et
Charlotte de Goulaine, religieuses Ursulines à Nantes;
Yolande de Goulaine, mariée à Claude, marquis *du Chastel*
et de la Garnache, comte de Beauvoir-sur-Mer, seigneur de
Mesle, Châteaugal, Glomel, etc., mort sans postérité, der-
nier de cette illustre maison de Bretagne; et Anne de Gou-
laine, restée, en 1705, seule héritière de la branche aînée
de sa maison, mariée à Sébastien de Rosmadec, marquis du
Plessis-Josso.

7.° Autre Louise *de Cornulier*, née à Nantes le 8 décembre 1611,
fut mariée deux fois. Elle épousa en premières noces, à
Nantes, par contrat du 14 août 1627, Damien *du Bois*, chevalier, seigneur de la Ferronnière, de Beauchesne, au Loroux-
Bottereau, etc., fils aîné, héritier principal et noble de Louis
du Bois, descendant de Geoffroy du Bois, l'un des chevaliers
les plus renommés du combat des Trente, et de Françoise
Le Gay. Elle n'en eut pas d'enfants, et épousa en secondes
noces, au château de la Haye, en Sainte-Luce, par contrat du
25 juin 1635, Nicolas *Foucault*, conseiller au Grand-Conseil,
fils de défunt Claude Foucault, conseiller du Roi en ses conseils d'État et privé, doyen de la Cour des Aides de Paris,
et de Madeleine Aubry. De ce second lit vinrent deux enfants:
Claude Foucault, seigneur de Basjou, conseiller au Parlement
de Paris, et Louise Foucault, mariée à Thierry Sevin, seigneur de Miramion, conseiller au Grand-Conseil.

8° Marguerite *de Cornulier*, née à Nantes le 5 janvier 1615.

9° Charlotte *de Cornulier*, née à Nantes le 3 septembre 1618,
mariée dans la même ville, le 27 novembre 1635, à Pierre-
René *Charette*, seigneur de la Bretonnière, de Montebert, la
Guidoire, etc., conseiller d'État et sénéchal de Nantes, fils
de René Charette, aussi sénéchal de Nantes, et d'Anne Martin.
Charlotte de Cornulier mourut à Nantes, le 12 novembre

1669, laissant deux enfants : Simonne Charette, mariée, en 1664, à Julien *de Saligné,* baron de La Chèze, en Poitou ; et Jacques Charette, seigneur de la Bretonnière, premier président de la Chambre des Comptes de Bretagne, dont le fils, Gilles Charette, conseiller au Parlement, laissa pour unique héritière Marie-Madeleine-Élisabeth Charette de Montebert, qui fut mariée trois fois : 1° Avec Louis *de Sérent,* marquis de Kerfily, dont elle eut le duc de Sérent, père des duchesses de Damas-Crux et de Narbonne-Pelet ; 2° avec Henri-François *de Bretagne,* comte de Vertus et de Goëllo, baron d'Avaugour, mort en 1746, dernier de son nom ; 3° avec Anne-Léon *de Montmorency,* premier baron de France, chef de sa maison, dont elle n'eut pas d'enfants.

10° Judith *de Cornulier,* née à Nantes le 29 septembre 1619.

11° Gabrielle *de Cornulier,* née à Nantes le 25 mars 1621, religieuse au premier monastère de la Visitation de Rennes.

12° Marie *de Cornulier,* religieuse ursuline ; à Rennes.

13° Anne-Thérèse *de Cornulier,* religieuse au premier monastère de la Visitation, à Rennes.

14° Marie-Thérèse *de Cornulier,* aussi religieuse au premier monastère de la Visitation de Rennes, femme d'une haute vertu et d'un rare mérite, sujet accompli, disent les Mémoires de l'Ordre. Elle fut élue, en 1651, supérieure de la Maison de Vannes, qu'elle fit réédifier ; élue supérieure du second monastère de Rennes en 1657 et réélue en 1666 ; elle fut enlevée à cette Maison, dite du Colombier, en 1667, pour gouverner la Maison-mère à laquelle elle appartenait ; enfin elle gouverna de nouveau la Maison de Vannes de 1670 à 1676. Elle a écrit l'*Abrégé de la Vie de la Mère du Houx,* née *Pinczon,* morte en 1677, surnommée l'Épouse de la Croix, femme admirable qu'elle a peinte, dit un auteur, de si vives couleurs, qu'on ne peut lire ce petit ouvrage sans admiration.

De tous ces enfants, il ne restait plus, en 1644, que Pierre et Charles, avec les filles mariées et celles qui étaient entrées en religion. Ils vivaient encore au nombre de sept en 1668.

IX. — Pierre DE CORNULIER, IVe du nom, chevalier, seigneur de la Touche, de la Haye, du Roudourou, de l'Étang, de la Ville-Basse, en la paroisse de Pouldouran, près Tréguier; de Bourmont et Clermont, en Pannecé; de Saint-Ouën et Saint-Père, en Mouzeil; du Boismaqueau, en Teillé; baron de Châteaufremont, dans la paroisse de la Rouxière, en 1637, etc., naquit à Nantes le 8 juillet 1607, fut reçu conseiller au Parlement de Bretagne le 15 mai 1630, nommé président à mortier au même Parlement le 11 juillet 1639, et reçu dans ledit office par arrêt du 2 janvier 1640, « voulant, dit le Roi dans ses lettres de provision, remplir les » charges de considération de personnes de probité, capacité, » expérience au fait de judicature, dont la fidélité et affection » à notre service nous soient connues, comme elles le sont en » la personne de notre amé et féal conseiller en notre cour de » Parlement de Bretagne, Me Pierre *Cornulier,* nous en ayant » donné des preuves en l'exercice de sondit office de conseiller » et autres emplois qu'il a eus pour notre service, lui avons » donné et octroyé l'office de notre conseiller président en » notre cour de Parlement de Bretagne que tenait et exerçait » Me Yves Rocquel, sieur du Bourblanc, etc. »

Il fut gratifié, le 26 août 1640, d'une pension de

1,200 livres, et nommé, le 22 juillet 1647, conseiller ordinaire du Roi en ses conseils d'État et privé. Par lettres du
mois de juin 1655, il obtint l'établissement de deux foires
par an dans sa seigneurie de Châteaufremont. En 1646, il
vendit au procureur-général de la Bédoyère la terre et seigneurie des Croix, près de Rennes, et recueillit la même
année la succession de Jean Fleuriot, son oncle, dans laquelle
il donna partage noble à ses puînés, en 1649 et 1650. Hors
de son semestre, Pierre de Cornulier habitait ordinairement
sa terre de la Touche, en Nozay, que son père lui avait définitivement abandonnée en 1641.

Le 28 septembre 1642, le prince de Condé étant en sa
ville de Nozay, il fut admis à lui rendre hommage en personne
pour sa châtellenie de la Touche et ses juridictions de Toullan,
la Rivière, Rozabonnet et Procé, y annexées.

Depuis la mort de son père, il résidait de préférence au
château de la Haye, en Sainte-Luce, et c'est là qu'il mourut,
dans l'exercice de sa charge de président à mortier, le 13 décembre 1656. Son corps, transporté à Nantes, y fut, suivant
sa volonté, inhumé dans son enfeu de la chapelle Saint-Clair,
dans l'église cathédrale. Son fils aîné lui succéda l'année suivante dans son office au Parlement, et ses lettres de provision
portent : « qu'il y est appelé pour aucunement reconnaître les
» grands, signalés et recommandables services rendus par son
» père, durant vingt-cinq ans, tant en ses charges de conseiller
» et de président à mortier, qu'en plusieurs autres emplois et
» commissions importantes au service du Roi, dont il s'est
» dignement et fidèlement acquitté. »

Pierre IV *de Cornulier* épousa à Rennes, par contrat du

17 juin 1632, Marie DES HOUMEAUX, fille unique de messire
Claude des Houmeaux, chevalier, seigneur de la Pérochère et
de la Renouardière, en la paroisse de la Poitevinière, en Anjou ; du Boismaqueau, de Châteaufremont, Beaumont, Bourmont, Clermont, la Gillière, etc., au comté nantais ; chevalier
de l'ordre du Roi, gentilhomme ordinaire de sa chambre, et
de Françoise *Raoul*, de la maison de la Guibourgère, en Teillé.
Cette famille des Houmeaux, originaire du comté nantais, était
transplantée en Anjou depuis le XIVᵉ siècle ; Claude était resté
tout jeune sous la curatelle de René du Bouchet, seigneur de
la Haye de Torcé, chevalier de l'ordre du Roi, que sa mère,
Anne Chenu, avait épousé en secondes noces. Françoise Raoul,
sa femme, était fille de Guillaume Raoul, président de la
Chambre des Comptes de Bretagne en 1598, et sœur de Jacques Raoul, sénéchal et maire de Nantes, chef du conseil de
César duc de Vendôme, conseiller d'État et au Parlement de
Bretagne, puis évêque de Saintes et de La Rochelle.

Marie des Houmeaux fonda, par acte du 19 février 1680,
deux messes par semaine dans la chapelle du château de la
Touche, et mourut à Nantes, le 11 septembre de la même
année, à l'âge de 63 ans ; son corps fut conduit procession-
nellement le lendemain, par les chanoines de Saint-Pierre,
pour être inhumé dans leur église cathédrale, près de celui de
son mari. Ses enfants furent :

1° Claude II *de Cornulier*, qui suit.

2° Pierre *de Cornulier*, dit l'*abbé de Cornulier*, né à Rennes, le
11 novembre 1654, seigneur de la Pérochère, conseiller
du Roi en ses conseils d'État et privé, prieur de la Madeleine

d'Iff, en la paroisse du Gâvre, et du Loroux-Bottereau; fut pourvu, le 22 mai 1661, de l'office de maître de l'oratoire de S. A. R. *Monsieur*, Duc d'Orléans, frère unique du Roi. Il reçut, le 8 août 1664, pour son partage définitif de juveigneur, la terre de la Renouardière, à viage seulement, selon l'assise au comte Geoffroy. Il mourut à Nantes, le 5 mai 1675, et fut inhumé dans la cathédrale de Saint-Pierre, dans l'enfeu de Saint-Clair.

3° Jean-Baptiste *de Cornulier*, auteur de la BRANCHE DES SEIGNEURS DU BOISMAQUEAU, devenue l'aînée, par l'extinction de celle-ci, en 1758, et rapportée ci-après.

4° Jacques *de Cornulier*, écuyer, reçut son partage en 1658, puis entra en religion dans l'ordre de Saint-Benoît, à Saint-Melaine de Rennes, où il vivait en 1668.

5° Martin *de Cornulier*, né à Rennes le 20 janvier 1644, mort jeune.

6° Marie - Henriette - Constance *de Cornulier*, née à Rennes le 10 novembre 1635, entrée en religion, en 1652, chez les Visitandines du Colombier, de la même ville, y est morte le 7 février 1705.

La vie de cette pauvre fille ne fut qu'un long martyre; d'une grande douceur, d'une timidité extrême, élevée par sa mère avec beaucoup de sévérité, elle la craignait par dessus tout. Destinée par elle à l'état religieux, elle fit tout ce qu'elle voulut, malgré les répugnances qu'elle y sentait. Elle entra en son essai sans parler de ses peines à personne, prit l'habit et fit profession de même, sans qu'on s'aperçût de la violence qu'elle se faisait; elle était du reste remplie de bonnes qualités pour servir la religion si elle en avait eu la vocation. Quelques années après sa profession, les violences continuelles qu'elle était obligée de se faire, altérèrent profondément sa santé et la firent tomber dans de grandes infirmités. Elle perdit la voix dès l'âge de 25 ans, son esprit s'aigrit, et son naturel un peu fier et hautain ne fut plus contenu par sa

CHÂTEAU DE VAIR.

Lith. H.Charpentier, Nantes.

Félix Benoist del. & lith

timidité. Elle estimait l'ordre, n'allait au parloir que pour sa famille qu'elle aimait passionnément, avait un profond respect pour toutes les choses saintes, mais une crainte excessive à l'approche des Sacrements ; ses moindres fautes lui paraissaient des crimes irrémissibles ; elle avait des frayeurs terribles de la mort, et croyait voir à toute heure un Dieu irrité prêt à l'abîmer dans les enfers. C'est à elle, que le P. Surin, célèbre jésuite, exorciste des possédés de Loudun, adresse plusieurs de ses lettres qui ont été publiées, et tout leur objet est de la rassurer contre les troubles de sa conscience. Sur la fin de sa vie, elle fut affligée de la cataracte et souffrit d'horribles maux ; enfin elle succomba âgée de 69 ans, professe de 55, après avoir passé ses jours dans de continuelles souffrances de corps et d'esprit.

7° Judith *de Cornulier,* née à Rennes le 1er mars 1637.

8° Louise *de Cornulier* reçut son partage en 1658, puis entra en religion chez les Hospitalières de Rennes, où elle vivait en 1668.

9° Charlotte *de Cornulier,* née à Rennes le 20 janvier 1642.

X. — Claude DE CORNULIER, IIe du nom, chevalier, seigneur de la Touche, de la Haye, du Roudourou, de la Villebasse, de la Renouardière, de Maumusson, en 1695 ; comte de Vair, en 1664 (magnifique terre et grande seigneurie comprenant cinq hautes justices, et d'où relevaient seize juridictions, s'étendant principalement dans les paroisses d'Anetz et de Saint-Herblon); marquis de Châteaufremont, en 1683, etc., naquit au château de la Touche, le 12 juin 1633, fut nommé conseiller au Grand-Conseil, le 12 décembre 1655 et reçu le 11 février suivant. Pourvu de l'office de président à mortier au Parlement de Bretagne, le 10 septembre 1657, « pour » l'entière et parfaite confiance, dit le Roi, que nous avons en » la personne de notre amé et féal conseiller en notre Grand- » Conseil, messire Claude *de Cornulier*, de ses sens, suffisance, » loyauté, prud'homie et grande expérience au fait de la justice, » nous avons audit Cornulier, donné et octroyé l'office de pré- » sident en notre cour de Parlement de Bretagne, que tient et » exerce encore à présent, Claude de Marbeuf, seigneur, baron » de Blazon, etc. » Claude *de Cornulier* fut encore nommé conseiller du Roi en ses conseils d'État et privé, le 1er mai 1662. Il mourut à son château de Vair, le 29 mai 1700; ses entrailles furent inhumées dans la chapelle du château, et son corps, transporté à Nantes, reçut la sépulture dans la chapelle de Saint-Clair de l'église cathédrale, où la branche aînée de sa famille avait un enfeu particulier.

Par lettres patentes du 20 janvier 1668, le Roi établit au Parlement de Bretagne une chambre spéciale et temporaire, pour la vérification générale de la noblesse de cette province. Afin d'arriver à une recherche à peu près complète, le procu- reur-général se fit remettre, par tous les notaires du pays, un état des personnes qui, depuis dix ans, avaient pris des quali- fications nobles dans les actes passés en leurs études, et il assigna tous ces individus à justifier de leurs prétentions devant la nouvelle chambre qui ouvrit le 26 septembre de la même année. Ce fut un procès que toutes les personnes se disant nobles eurent à soutenir; il n'y eut pas d'exception, et la notoriété la mieux établie ne fut comptée pour rien quand

elle n'était pas appuyée sur des titres positifs : aussi arriva-t-il
que plusieurs familles fort anciennes, mais prises au dépourvu,
succombèrent devant la chambre de la réformation et furent
obligées de se faire réhabiliter par des arrêts postérieurs.

Dès le 2 octobre 1668, Claude de Cornulier et ses collaté-
raux produisirent leurs titres, justifiant que le gouvernement
noble était établi sans interruption dans leur famille, depuis
Pierre de Cornulier et Marie de Concoret, sa femme, vivants
en 1490. C'était beaucoup plus que n'en demandaient les
commissaires, la possession paisible de l'état de noblesse pendant cent ans établissant une prescription suffisante, et s'ils
remontèrent leurs preuves au XVe siècle, ce fut pour justifier
de l'*ancienne extraction* exigée en Bretagne dans certains cas
exceptionnels. Sur le vu de ces titres, au nombre de cent
quatre pièces, et conformément aux conclusions du procureur-
général, la Chambre, par arrêt du 17 novembre 1668, faisant
droit sur l'instance, « déclara MM. de Cornulier, *nobles et issus*
» *d'ancienne extraction noble,* et comme tels, leur permit de
» prendre la qualité de *chevaliers;* les maintint au *droit d'avoir*
» *armes et écussons timbrés appartenant à leur qualité,* et dans
» la jouissance de tous *droits, franchises, exemptions, préé-*
» *minences et priviléges* attribués aux nobles de cette province;
» ordonne que *leurs noms seront employés au rôle et catalogue*
» *des nobles de la sénéchaussée de Nantes.* »

En 1668, les traditions de famille étaient encore assez présentes pour faciliter à Claude de Cornulier la recherche de
titres supplémentaires qui lui auraient permis de remonter sa
filiation beaucoup plus haut qu'il ne le fit; mais il ne voyait
pas l'utilité de cette perquisition. La grande réformation ne fut

4

considérée que comme une mesure toute fiscale, et elle n'avait
pas en effet d'autre caractère ; on obéit donc à l'ordre donné
aux moindres frais possible, en se bornant à produire les
titres qu'on avait sous la main quand ils suffisaient à la
preuve exigée. Plus tard, ces idées se modifièrent ; un arrêt
de maintenue fut considéré comme un monument de famille,
et l'on s'appliqua à lui donner toute la perfection dont il était
susceptible ; l'on ne recula plus devant les frais qu'exigeait la
recherche des degrés surabondants au point de vue légal,
mais qu'on appréciait déjà sous le rapport historique, et qui
devinrent même, sous Louis XV, une condition des présenta-
tions à la cour. Il est regrettable qu'on n'ait pas jugé ainsi dès
le principe, à une époque où les archives publiques et particulières étaient encore intactes, et où les souvenirs pouvaient
guider sûrement dans les recherches à entreprendre.

C'est en reconnaissance des services de Claude de Cornulier
et de ceux de ses ancêtres que la baronnie de Châteaufremont
fut érigée en marquisat par lettres patentes du mois de septembre 1683, enregistrées au Parlement de Bretagne le 7 décembre 1685 et à la Chambre des Comptes le 17 septembre
1694. Elles sont ainsi motivées : « Les Rois nos prédécesseurs
» ont toujours estimé que le véritable moyen d'exciter leurs
» sujets à la vertu était de distinguer par des marques d'hon-
» neur ceux qui, portés d'un véritable zèle, se sont élevés
» au-dessus du commun par les services qu'ils ont rendus à
» l'État, et, non contents de les leur accorder en leurs per-
» sonnes, ils ont voulu même attribuer des titres de dignité à
» leurs terres et seigneuries, ce qu'ils ont reconnu être d'une
» très-grande utilité pour exciter chacun à se rendre digne

» de pareille grâce; en quoi voulant les imiter, mettant en
» considération la longue suite de services qui nous ont été
» rendus et à l'État, tant par notre amé et 'féal Claude de
» Cornulier, chevalier, seigneur de Châteaufremont, Vair et
» autres lieux, président à mortier en notre Parlement de
» Bretagne, et pour ceux que nous espérons qu'il nous ren-
» dra, que ceux rendus par ses prédécesseurs, notamment
» par Pierre de Cornulier, seigneur de Châteaufremont et de
» la Haye, son père, en la même charge de président à mor-
» tier qu'il a possédée très-longtemps, où il nous a servi à
» l'imitation de ses ancêtres qui ont rempli depuis plusieurs
» siècles des charges considérables, tant dans la robe que
» dans l'épée, et se sont rendus recommandables dans les
» siècles passés, ayant été honorés par nos prédécesseurs de
» charges et emplois importants; voulant donner audit sieur
» de Cornulier des marques de l'estime que nous faisons de
» sa personne et le maintenir dans l'état où sa famille est
» depuis longtemps par un nouveau titre d'honneur qui passe
» à sa postérité, etc. »

Claude II *de Cornulier* acquit, en 1686, pour le compte
de son fils, la baronnie de Montrelais, s'étendant dans les
paroisses de Montrelais, la Chapelle, Varades et Ingrande, au
comté nantais. Il se maria deux fois; en premières noces, à
Paris, par contrat du 10 novembre 1658, avec Marie-
Madeleine GUYET DE LA SOURDIÈRE, morte au château de la
Touche, en couches de son fils, et inhumée, le 19 novembre
1660, dans la chapelle de Saint-Clair de la cathédrale de
Nantes. Elle était fille de feu Germain Guyet, chevalier, seigneur de la Sourdière, conseiller et maître-d'hôtel ordinaire

du Roi, et de Françoise *le Tanneur*. Il épousa en secondes
noces, à Rennes, par contrat du 30 avril 1663, mariage béni
le 3 mai suivant dans la paroisse de Cesson, Renée HAY, fille
de Paul Hay, chevalier, seigneur des Nétumières, près Vitré,
conseiller au Parlement de Bretagne, et de Renée *le Cor-*
vaisier.

Marie-Madeleine Guyet resta héritière unique, bien que son
père eût laissé des enfants de deux lits. Du premier, elle avait
un demi-frère, chanoine régulier de Sainte-Geneviève, et
deux demi-sœurs, aussi religieuses à Paris, l'une domini-
caine, supérieure des Filles de Saint-Thomas, l'autre visitan-
dine, à Chaillot. Du second lit, elle n'avait qu'un frère,
François Guyet, d'abord commissaire général des Suisses,
puis lieutenant des gardes-du-corps, mort des blessures qu'il
reçut au service et sans alliance. Cette famille Guyet est originaire d'Anjou, et c'est dans cette province qu'est située la
terre de la Sourdière, dont le nom a servi à distinguer l'une
de ses branches. C'est aussi l'hôtel qu'elle possédait à Paris
qui a donné son nom à la rue de la Sourdière.

Quant à Renée Hay, elle fit, de concert avec son mari,
plusieurs fondations pieuses : en 1675, la maison des Pénitentes ou Religieuses de Sainte-Madeleine, à Nantes; en 1686,
des messes dans la chapelle du château de la Haye; et en
1687, la chapelle du château de Vair, qu'elle fit réédifier en
entier. A la mort de son mari, restant veuve sans enfants,
elle se consacra entièrement à Dieu, et se retira dans la maison des Filles Pénitentes qu'elle avait fondée à Nantes; elle y
mourut le 27 août 1718, et c'est dans leur chapelle qu'elle
choisit sa sépulture.

Les enfants de Claude II *de Cornulier* furent :

DU PREMIER LIT :

1° Toussaint *de Cornulier*, resté enfant unique , qui suit.

2° Marie-Madeleine *de Cornulier*, morte en bas âge.

DU DEUXIÈME LIT :

3° Pierre-Paul-Marie *de Cornulier*, né en 1664 , mort à Vair , le 27 août 1670, et inhumé dans la chapelle du château.

4° François-Joseph *de Cornulier*, né à Rennes le 21 octobre 1673, mort dans la même ville le 2 octobre 1674, et inhumé dans l'église de Saint-Aubin.

5° Françoise-Pélagie *de Cornulier*, née à Rennes le 17 août 1666, morte en bas âge.

6° Jeanne-Thérèse *de Cornulier*, née à Rennes et morte dans la même ville , à l'âge d'un mois , le 30 mai 1668 , et inhumée à Saint-Aubin.

7° Yolande *de Cornulier*, née à Nantes le 4 novembre 1669, morte à Vair le 25 du même mois.

XI. — Toussaint DE CORNULIER, chevalier, seigneur de la Haye, de la Touche, etc., baron de Montrelais, en 1686, comte de Largouët et de Vair, baron de Lanvaux, en la paroisse de Grandchamp; marquis de Châteaufremont; naquit au château de la Touche le 1er novembre 1660, fut reçu conseiller au Parlement de Bretagne le 10 juillet 1682, et pourvu, le

19 novembre 1688, de l'office de président à mortier au même Parlement, en survivance de son père, charge dans laquelle il fut reçu et installé le 7 juin 1695. Il fut encore nommé conseiller du Roi en ses conseils d'État et privé, et mourut à Rennes le 7 novembre 1727. Il fut inhumé dans l'église des Pères Minimes de cette ville, dont la maison avait été fondée par l'évêque Pierre de Cornulier.

Dans ses lettres de provision de 1688, le Roi dit : « Étant » bien informé des grands et recommandables services que » nous ont rendus les père et ayeul de notre amé et féal con- » seiller en notre cour de Parlement de Bretagne, le sieur » Toussaint de Cornulier, nous avons estimé devoir prendre » une entière confiance en sa prud'hommie, capacité, loyauté » et affection particulière qu'il a pour le bien de notre service, » et pour ces causes lui avons donné et octroyé l'état et office » de notre conseiller président à mortier en notre cour de » Parlement de Bretagne, que tient et exerce son père. » En 1690, le Roi établit, en sa faveur, des foires et marchés au bourg d'Elven, près de Vannes, chef-lieu de son comté de Largouët, une des plus belles seigneuries de toute la Bretagne, décorée d'une magnifique forteresse féodale, marque certaine qu'elle avait appartenu à de puissants seigneurs, fondés jadis dans tous les droits de la guerre, et d'un parc de cent quatre-vingt-dix hectares. Largouët était, en effet, un ancien comté donné en partage, dès l'an 907, à Derrien, fils d'Alain le Grand, comté de Vannes, puis duc de Bretagne. C'est sans doute à cette origine souveraine qu'il devait le rare privilége d'être inféodé du droit de punir par le feu, attribut privatif des anciens comtes et hauts barons de la province. De la tour

CHÂTEAU D'ELVEN,

d'Elven relevaient deux anciennes bannières ou baronnies, Molac et Loyon, et de nombreux fiefs de haubert. En 1294, Largouët devait quatre chevaliers de service à l'ost du Duc, comme Montfort et Gaël réunis, et alors que Lohéac, Rochefort, Ancenis, la Roche-Bernard et Pont-l'Abbé n'en devaient chacun que trois. Cette seigneurie avait trois hautes justices à quatre piliers, l'une à Elven, l'autre près du bourg de Trédion, et la troisième à Carnac; des sergenteries féodées pour la cueillette de ses rentes; une maîtrise des eaux et forêts à l'instar de celles du Roi, et une Chambre des Comptes. Sa juridiction comprenait les trois quarts des sénéchaussées de Vannes et d'Auray, où elle avait droit de menée et d'y tenir le premier rang; elle s'étendait sur vingt-huit grandes paroisses, dans un territoire de plus de douze lieues de diamètre, entre Carnac et l'Ile-aux-Moines au sud, et Saint-Jean-de-Brévelay au nord, comme de Saulniac à l'est, jusqu'à Mendon à l'ouest. Aussi, bien que ce territoire fût compact, avait-elle, pour l'usage de ses vassaux, deux siéges d'audiences différents, l'un à Vannes et l'autre à Auray. Toutes ces prérogatives furent établies contradictoirement avec les États de la province, au sujet du tarif des vacations des officiers de Largouët, qui étaient attaqués, et il intervint sur le différend un arrêt du Parlement de Bretagne, le 27 mars 1749, qui reconnut Largouët comme seigneurie de premier ordre et ancienne juveigneurie du comté de Vannes.

Lanvaux était le cœur même de l'ancienne haute baronnie de Lanvaux, tel que le duc Jean IV l'avait donné, en 1385, aux chapelains de la collégiale de Saint-Michel, qu'il avait fondée sur le champ où s'était donnée la célèbre bataille d'Auray, au succès de laquelle il devait son duché. Cette baronnie ne comprénait que la seule paroisse de Grandchamp; mais la dignité du fief ne se mesurait pas toujours sur son étendue, témoin Malestroit, qui, lors de son érection en haute baronnie, en 1451, ne comprenait également que la seule paroisse de son nom, une des moindres de Bretagne, et alors encore sans villé close ni rien d'important.

Toussaint de Cornulier rendit aveu au Roi, en la Chambre des Comptes de Nantes, le 15 juillet 1694, pour son comté de Largouët, et le 25 février 1698 pour sa baronnie de Lanvaux.

Par lettres du 8 juin 1700, le Roi lui fit don du rachat de toutes les terres de sa mouvance sises en Bretagne, échu à Sa Majesté par le décès de son père; et, par autres lettres patentes du mois de mai 1701, il incorpora à son marquisat de Châteaufremont les terres, fiefs et haute justice de la Motte-Maumusson, « en considération des grands et signalés services » rendus à l'État par son père, et de ceux qu'il rend lui-même » dans sa charge. »

Le P. Godefroy, dans son panégyrique du Parlement de Bretagne, prononcé en latin au collége des Jésuites de Rennes, en 1704, dit, en parlant de Toussaint *de Cornulier*, que, « semblable à ses ayeux, ses vertus sont au-dessus de tout » éloge, et que l'on ne pourrait, sans lui faire injure, le com-» parer à qui que ce fut. »

Le 5 octobre 1708, Toussaint de Cornulier donna partage noble à Guillaume de la Noue, conseiller au Parlement de Bretagne, son beau-frère, qui avait épousé défunte Françoise de Trémerreuc, sœur puînée de sa seconde femme. Le 6 mars

1713, il rendit aveu au Roi pour ses marquisat de Château-fremont, comté de Vair et baronnie de Montrelais, au comté nantais. En 1718, il vendit la terre de la Haye, en Sainte-Luce.

Toussaint *de Cornulier* fut marié trois fois. Il épousa en premières noces, par contrat passé à Rennes le 9 août 1681, mariage bénit à Chanteloup, près Rennes, le 11 du même mois, Françoise DENIAU ou DE NYAU, fille aînée de François Deniau, chevalier, seigneur de Chanteloup, le Val, la No-rouelle, Ossai, le Châtellier, la Morinière, etc.; doyen des conseillers de grand'chambre au Parlement de Bretagne, et de Mathurine *le Sérazin*. Elle reçut en dot deux cent mille livres en espèces, et mourut en couches à Rennes, le 16 août 1682, et fut inhumée dans l'église des Minimes de cette ville. Il épousa en secondes noces, par contrat passé à Rennes le 7 septembre 1689, Anne-Louise DE TRÉMERREUC, fille aînée, héritière principale et noble de feu Louis de Trémerreuc, che-valier, seigneur de la Chesnaye, la Herviais, Beaulieu, Launay-Gouyon, etc., dans les paroisses de Matignon, Langrolais, Pleurtuit, Corseul, Saint-Germain-de-la-Mer, Saint-Potan et Pléboulle; comte de Largouët et baron de Lanvaux, président des enquêtes au Parlement de Bretagne, et de Guyonne *Goret,* sa première femme. Mademoiselle de Trémerreuc, une des plus riches héritières de la province, était douée, pour l'esprit et pour la personne, des agréments les plus aimables et les plus brillants. Elle mourut étant encore fort jeune, le 28 mars 1702, après une longue suite d'infirmités, détrompée du monde et dans une vive douleur de l'avoir aimé. Enfin, Tous-saint de Cornulier épousa en troisièmes noces, le 28 dé-

cembre 1718, à Liré, en Anjou, Jeanne-Marie-Rose-Françoise
DE BOISLÈVE, dame propriétaire des seigneuries de la Hame-
linière et de Landemont, en Anjou, veuve en premières noces
de François *de la Bourdonnaye*, seigneur de la Turmellière,
Liré, Drain, Saint-Laurent-des-Autels, la Bretesche, etc., en
Anjou, conseiller d'État et président à mortier au Parlement
de Bretagne; fille de François de Boislève, comte de Cham-
ballan, seigneur de la Minière et du Rouvre, dans la paroisse
de Rougé, conseiller au Parlement de Bretagne, et de Anne-
Françoise *Huby*, dame de Kerguyo, en Kervignac, près
Hennebont.

Toussaint de Cornulier eut de ses trois femmes les enfants
qui suivent :

Du premier lit :

1° Elisabeth *de Cornulier*, née à Rennes le 7 août 1682, fut
   nommée par la duchesse de Chaulnes. Elle fut mariée, en
   1702, à Jean-Paul *Hay*, chevalier, baron des Nétumières,
   seigneur de Tizé, le Fiémorble, Noyal, etc., conseiller au
   Parlement de Bretagne, fils de Paul Hay et de Françoise de
   Bréhan. Elle eut en dot la terre de la Touche, en Nozay,
   qu'elle vendit en 1718, pour acheter du marquis de Simiane
   la terre des Rochers, près de Vitré ; mais François de Montmorency, époux d'Émilie-Félicité de Cornulier, s'en fit adjuger le retrait féodal. Élisabeth de Cornulier mourut en 1747,
   laissant deux fils : Charles-Paul Hay, l'aîné, auteur des
   marquis des Nétumières; et Charles-Marie-Félix, père de
   Marie-Félix-Pauline Hay des Nétumières, qui fut mariée, en
   1766, à Toussaint-Charles-François, marquis de Cornulier,
   comme on le dira plus loin.

Du deuxième lit :

2° Charles-René *de Cornulier*, qui suit.

3° Marie-Louise *de Cornulier*, née à Rennes le 28 novembre 1690, religieuse au couvent de la Trinité de la même ville avant 1723.

4° Marie-Constance *de Cornulier*, née en 1691, entrée en religion chez les Visitandines du Colombier, à Rennes, en 1708; elle y est morte le 8 janvier 1750. Toutes les inclinations de Marie-Constance, son caractère et son humeur, ne paraissaient respirer que pour le monde, elle n'avait que de l'éloignement et même de l'opposition pour la vie religieuse. Naturellement douce, mais aimant l'indépendance, elle appréciait de bonne heure le rang qu'elle pourrait tenir un jour dans le monde et les avantages que sa famille lui préparait; elle les goûtait en esprit par avance, et rien ne la charmait davantage que les idées de richesse et de plaisir qu'elle se formait pour l'avenir. Élevée au second couvent de la Visitation de Rennes, le séjour de cette maison lui devint peu à peu à charge, et elle n'y rentrait de bonne grâce, après les sorties de six mois que son père lui faisait faire tous les ans, que par respect pour lui et pour Marie-Henriette-Constance de Cornulier, sa grand'tante, qu'elle aimait tendrement. Cet effort lui coûta surtout extrêmement à sa rentrée de 1704, après avoir passé plusieurs mois au beau château de Vair, maison splendide et opulente de son père. Sur les entrefaites, mourut sa vénérable grand'tante, et cette mort fit sur elle un tel effet, qu'elle sentit presque subitement son cœur tout changé. Elle avait alors quatorze ans; elle demanda la permission d'entrer au noviciat, mais la prudence autant que la tendresse du président, son père, lui firent rejeter bien loin cette proposition. Il retira même sa chère fille pendant quelque temps chez lui, et quand elle obtint de revenir passer quelques mois au couvent, il prescrivit aux religieuses une

grande circonspection à son égard, faisant écarter d'auprès
d'elle les personnes qu'il soupçonnait d'avoir part à ses désirs
pour la religion. Vers la fin de l'été de 1706, le président de
Cornulier fit faire à sa fille divers voyages de plaisir, entre
autres celui de Saumur, où elle visita la célèbre église de
Notre-Dame-des-Ardilliers ; ce fut dans ce sanctuaire que
mademoiselle de Cornulier se consacra de nouveau et irré-
vocablement à Dieu. Ses instances auprès de son père furent
si vives, qu'il consentit enfin à son retour au couvent au
mois de novembre de la même année, et elle y entra pour
toujours. Le sacrifice de cette fille coûtait infiniment au président de Cornulier ; il l'aimait avec une tendresse de préférence ; il lui destinait de grands biens, lui avait donné toute
sa confiance et n'avait pour elle rien de caché ; aussi la seule
soumission aux ordres du ciel et la déférence de ce père
vraiment chrétien à la vocation de sa fille, le firent consentir
à son engagement en religion. Il l'aima encore davantage
depuis ; il respectait sa vertu et ne l'appelait que sa chère
Séraphique.

5° Émilie-Félicité *de Cornulier,* née le 22 mars 1695, nommée
à Rennes, le 7 mars 1697, dame de la Touche de Nozay,
fut mariée à Rennes, par contrat du 29 juin 1718, à François *de Montmorency,* chevalier, seigneur de la Rivière
d'Abbaretz, de Monjonnet, la Vrillière, etc., chevalier de
Saint-Louis, colonel du régiment de son nom, puis de celui
de Bresse, brigadier des armées du Roi, dit le Comte, puis
le marquis de Montmorency, fils de Louis de Montmorency,
de la branche d'Aumont, et de Marie Guillaudeuc. Il mourut
à la Touche en 1748. Émilie-Félicité de Cornulier mourut
aussi au château de la Touche le 25 novembre 1721, et fut
inhumée dans l'église de Nozay, sous le banc seigneurial de
la maison de la Touche. Elle ne laissa qu'un fils, mort six
mois après elle, et une fille, Marie-Anne-Claude de Montmorency, mariée en 1733 à Louis-Alexandre-Xavier *le Sénéchal,* marquis de Carcado, lieutenant-général des armées

du Roi, chef de sa maison. La marquise.de Carcado ayant
encore vendu la Touche, en 1766, Toussaint de Cornulier
s'en fit adjuger la prémesse lignagère l'année suivante.

Du troisième lit :

6° Anne-Renée-Rose *de Cornulier,* née en 1720, mariée le
8 mars 1747 à Louis-Marie-Joseph *Le Gall,* seigneur de
Cunfiou, en la paroisse d'Inguiniel, comte de Ménoray, en
Loc-Malo, près Guémené-sur-Scorff, conseiller au Parlement de Bretagne, fils de Guillaume Le Gall, conseiller au
même Parlement, et de Marguerite-Renée Bernard des
Greffins. Elle reçut son partage définitif le 22 février 1749,
et mourut sans postérité. Son mari épousa en secondes noces
mademoiselle Fabrony, et mourut lui-même sans enfants
en 1780.

XII. — Charles-René de Cornulier, chevalier, seigneur
de la Tronchaye, de Launay, de la Touche, en Trévé, de
Glévilly, de Lézonnet, etc., marquis de Châteaufremont,
comte de Largouët et de Vair, baron de Montrelais et de
Lanvaux, naquit à Rennes le 16 août 1692, et fut nommé
par le duc de Chaulnes, gouverneur de la Bretagne; fut émancipé par sentence du présidial de Rennes du 4 décembre 1710,
et mis sous la curatelle de Jean-Baptiste de Cornulier, seigneur
de Lorière, conseiller au Parlement. Il fut pourvu d'un office
de conseiller au Parlement de Bretagne le 6 février 1715, et
reçu président à mortier au même Parlement le 4 décembre
1727, puis nommé conseiller du Roi en ses conseils d'État et
privé. Ses lettres de président à mortier portent : « qu'en

» succédant à ses bisayeul, ayeul et père dans ladite charge
» qu'ils ont successivement exercée; il succède de même au
» zèle qui les a distingués dans la magistrature et dont il a
» jusqu'à présent donné des preuves qui font espérer qu'il ne
»*laissera rien à désirer pour l'administration de la justice. »

Le 30 octobre 1715, il rendit aveu au Roi pour son comté
de Largouët et pour sa baronnie de Lanvaux, à lui échus par
la succession de sa mère; transigea, en 1725, avec le baron
de Molac, alors propriétaire de la baronnie de Quintin-en-
Vannes, au sujet des mouvances de leurs fiefs respectifs; et
fonda, conformément aux prescriptions du testament de sa
mère, par acte du 7 juillet 1733, au bourg de Saint-Herblon,
près de son château de Vair, une communauté de religieuses
dites *Sœurs-Blanches,* succursale des Filles du Saint-Esprit
établies à Plérin l'année précédente, et destinées à l'instruc-
tion des petites filles et au soulagement des malades pauvres;
cette Maison a eu le rare bonheur de rester habitée par les
religieuses au-plus fort même du règne de la Terreur. Il
mourut à Rennes le 9 avril 1738, et fut inhumé le lendemain
dans l'église des Pères Minimes, dont il était fondateur; son
corps y fut conduit par le clergé de Saint-Jean, assisté de
toutes les paroisses et communautés de la ville.

Charles-René *de Cornulier* avait épousé à Rennes, par
contrat du 2 janvier 1717, mariage bénit dans l'église de
Loyat le 12 du même mois, Marie-Anne DE LA TRONCHAYE,
fille unique de Pierre-Joseph de la Tronchaye, chevalier,
seigneur de Lézonnet, la Tronchaye, etc., et de Péronnelle-
Angélique *de la Villéon.* Mademoiselle de la Tronchaye, née
dans la paroisse de Trévé le 3 mai 1701, mourut à Rennes le

15 avril 1767, et fut inhumée dans l'église des Pères Minimes de cette ville. Elle lui apporta en mariage les terres et seigneuries de la Tronchaye, la Ville-Harcourt, la Touche-Launay et du Tertre, en la paroisse de Prénessaye; de la Touche, Rétéac, le Moustouer et la Ville-aux-Veneurs, en la paroisse de Trévé; de la Morouais, la Haye, la Ville-Robert et Kerguestin, en la paroisse de Plémet; de Glévilly et la Ville-Aubert, en Campénéac; de Lézonnet, en Loyat, etc. C'était une femme parfaitement aimable et d'une grande piété, dit la marquise de Poilley dans sa correspondance, et l'on peut d'autant mieux accepter cet éloge qu'elle était alors en procès avec elle. Elle n'eut que quatre filles qui suivent.

1° Marie-Angélique-Sainte *de Cornulier,* née au château de Lézonnet au mois d'octobre 1717 et baptisée dans l'église de Loyat le 2 janvier suivant, marquise de Châteaufremont, comtesse de Largouët et de Vair, baronne de Montrelais et de Lanvaux, dame de la Rochepallière, la Touche, etc., était, d'après la coutume, héritière des deux tiers des biens de sa branche, et appelée ainsi à recueillir, à la mort de ses père et mère, pour sa part d'aînée, une fortune qui était estimée alors à plus de cent cinquante mille livres de rente en biens fonds. C'était le plus riche parti de toute la Bretagne, où son père avait une position exceptionnelle, jouissant d'une considération immense et d'un crédit égal à celui du gouverneur ou de l'intendant de la province. On comprend qu'avec de tels avantages elle fut très-recherchée; mais elle repoussa toutes les demandes, ayant pris la résolution de ne donner sa main qu'à l'un de ses parents de son nom. Elle se fit renseigner sur l'état des différentes branches de sa famille, et son choix se fixa sur son cousin le plus proche, qui n'eut garde de refuser une fortune aussi inespérée. C'est ainsi qu'elle épousa au château de Vair, le 19 juillet 1735, Toussaint de Cornulier, seigneur du Bois-maqueau. Il est digne de remarque que cette riche héritière ne fut dotée que de sept mille livres de rente ; à cette époque, les parents encore jeunes n'avaient pas l'habitude de se dessaisir en faveur de leurs enfants ; mais aussi, par compensation, il n'était pas rare, quand ils avaient atteint un âge avancé, de les voir se dépouiller complétement pour eux et se retirer tout-à-fait du monde avec des revenus modiques pour ne plus penser qu'à leur salut.

Madame *de Cornulier de Cornulier* administrait sagement sa grande fortune. En 1755, elle retira féodalement la terre de Lescouët, en Elven, relevant de son comté de Largouët ; et, en 1784, par prémesse lignagère, la baronnie de Montrelais et la terre de Glévilly, que la marquise du Dresnay venait de vendre. En 1787, elle acquit la seigneurie de Boismourand, dans le faubourg de Saint-Patern de Vannes. Elle fonda, en 1782 et 1783, des missions, des rentes et des hospices pour secourir ses vassaux les plus nécessiteux dans les paroisses de la Rouxière, de Prénessaye et d'Elven. Dès 1780, elle s'était démise de tous ses biens en faveur de ses enfants et petits-enfants, ne retenant que le château de Vair et le pourpris avec vingt mille livres de pension ; et, en 1783, elle se retira même tout-à-fait au couvent des Ursulines d'Ancenis, où elle comptait finir ses jours, lorsque la suppression des maisons religieuses vint déranger ses projets. Au commencement de la Révolution, elle émigra en Suisse ; mais elle rentra en France bientôt après, et mourut à Versailles le 31 décembre 1793.

2° Marie-Anne-Josèphe *de Cornulier,* née au château de Lézonnet le 27 février 1719, baptisée à Loyat le 28 juillet suivant, morte jeune.

3° Françoise-Élisabeth *de Cornulier,* dame de Montrelais, de Glévilly et de Lézonnet, née au château de Lézonnet le

15 décembre 1721, nommée à Anetz le 29 mars 1728, épousa au château de Lézonnet, le 7 avril 1740, Joseph-Michel-René, comte *du Dresnay*, seigneur de Kerlaudy, Lohennec, etc., chevalier de Saint-Louis, gouverneur des villes de Saint-Pol-de-Léon et de Roscoff, fils de Joseph-Marie du Dresnay et de Marie-Gabrielle-Thérèse le Jar. Elle mourut le 18 décembre 1741, laissant un fils unique, le marquis du Dresnay, maréchal-de-camp, colonel d'un régiment de son nom pendant l'émigration, mort à Londres en 1798, et qui avait épousé, en 1766, mademoiselle du Coëtlosquet, dont il a laissé cinq enfants.

4° Jeanne-Charlotte-Hyéronyme *de Cornulier*, dame de la Tronchaye, née à Rennes le 1er juillet 1725, épousa Pierre-Placide-Célestin *de Saint-Pern*, chevalier, seigneur du Lattay. Elle reçut son partage définitif le 4 mars 1749, vendit, en 1775, la terre de la Tronchaye au comte de Beaumanoir, et mourut sans postérité. Son mari épousa en secondes noces mademoiselle de la Bourdonnaye de Liré.

BRANCHE DU BOISMAQUEAU

DEVENUE

BRANCHE AINÉE EN 1738.

X. — Jean-Baptiste DE CORNULIER, chevalier, seigneur de la Haye, de la Pérochère; du Boismaqueau et de la Sionnière, en Teillé; de Bourmont et Clermont, en Pannecé; de la Rigaudière et la Gillière, en Mésanger; de Saint-Père et Saint-Ouën, en Mouzeil; de la Motte, en Trans; de la Poëze, au Loroux-Bottereau; du Boisbenoît, en Vallet, etc.; second fils de Pierre IV de Cornulier, baron de Châteaufremont, et de Marie des Houmeaux, naquit à Nantes le 29 juin 1638, et fut nommé par Jean de Cornulier, seigneur de Lucinière. Il était enseigne aux gardes du Roi en 1661, y fut reçu sous-lieutenant le 11 janvier 1662, et capitaine-lieutenant en 1664. Quittant alors l'épée pour la robe, il fut reçu conseiller au Parlement de Bretagne le 24 octobre 1664. Du Parlement, il passa à la Chambre des Comptes, où il fut pourvu d'un office de président par lettres du 14 février 1675, et reçu et installé le 30 mars de la même année. L'enquête faite pour sa réception dans cette dernière charge porte : « qu'il a servi » le Roi avec zèle et affection pendant dix ans au régiment de

» ses gardes, et qu'il a aussi exercé pendant dix ans sa charge
» de conseiller au Parlement avec intégrité et l'approbation
» de toutes les personnes de mérite; qu'il s'est acquis dans
» ces diverses fonctions l'estime de toutes les personnes de
» qualité. »

Le 26 mars 1678, il fut nommé commissaire pour la réformation des domaines du Roi en Bretagne; puis, en 1685,
conseiller du Roi en ses conseils d'État et privé. Quoiqu'il
eût résigné sa charge de président aux Comptes à son fils
aîné, dès 1691, il continua encore, d'après l'ordre du Roi, à
en remplir les fonctions pendant sept ans; « à raison, disent
» les lettres patentes, de la capacité et de la longue expé-
» rience qu'il s'est acquise dans sa charge, qu'il a exercée
» pendant seize années avec toute l'intégrité et affection
» possibles, nous avons jugé, tant pour lui témoigner la sa-
» tisfaction que nous avons de ses services que pour l'obliger
» à nous les continuer encore avec le même zèle, de lui
» accorder la permission d'exercer ladite charge, nonobstant
» la résignation qu'il en a faite au profit de son fils, et lui
» avons accordé d'en continuer l'exercice et les fonctions
» pendant sept années, à compter de la réception de ce der-
» nier. »

Jean-Baptiste de Cornulier n'avait joui qu'à titre provisoire
des terres de la Haye et de la Pérochère; son partage de
juveigneur fut définitivement réglé par son contrat de mariage,
en 1664; il reçut alors le château, terres et seigneuries du
Boismaqueau, avec les fiefs et juridictions de Bourmont et de
Clermont, et, en outre, la charge de conseiller au Parlement,
qui valait à elle seule cent cinquante mille livres. En 1687,

il acquit la juridiction de la Motte, en la paroisse de Trans, à laquelle son fils réunit le domaine en 1711. Par acte du 18 mars 1710, il se démit de tous ses biens en faveur de ses enfants, que leur aîné partagea en 1712, ne se réservant que l'usufruit de ses biens de Varades et celui de la terre de la Sionnière, avec ses meubles et sa vaisselle d'argent en toute propriété. Il fonda, par acte du 15 janvier 1711, les prières des Quarante-Heures dans l'église paroissiale de Saint-Pierre de Varades, et mourut dans la maison de ce bourg, où il s'était retiré, le 20 septembre 1713.

Jean-Baptiste *de Cornulier* avait épousé à Nantes, par contrat du 30 janvier 1664, Jeanne DE ROGUES-DE LA POËZE, née à Varades le 19 novembre 1647, morte à Nantes le 18 mai 1709, fille unique de feu Damien de Rogues, écuyer, seigneur de la Poëze, en la paroisse du Loroux-Bottereau, et de Guillemette *Cosnier,* dame du Boisbenoît, en celle de Vallet. De ce mariage vinrent onze enfants qui suivent.

1º Claude II *de Cornulier,* qui suit.

2º Pierre-Marie *de Cornulier,* né à Nantes le 7 mars 1669, nommé à Sainte-Luce le 28 avril suivant, mort jeune.

3º Autre Claude *de Cornulier,* né à Nantes le 4 mai 1678, mort à Teillé le 7 septembre suivant.

4º Autre Claude *de Cornulier,* né au Boismaqueau le 2 octobre 1685, dit successivement l'abbé du Boismaqueau, l'abbé de Cornulier, et, depuis 1723, le chevalier de Cornulier; seigneur du Boisbenoît en 1718, prieur de la Madeleine d'Iff, dans la paroisse du Gâvre, fit ses preuves pour l'ordre de Saint-Lazare et du Mont-Carmel, où il fut reçu chevalier en 1723. Il vivait encore en 1731.

5° Marie *de Cornulier*, née à Nantes en 1670, nommée à Teillé le 24 août 1670.

6° Marie-Anne *de Cornulier*, née au Boismaqueau le 9 septembre 1671, religieuse aux Ursulines de Nantes.

7° Pélagie *de Cornulier*, née à Nantes le 31 décembre 1676, mariée dans la chapelle du Boismaqueau, le 9 juillet 1692, à Toussaint *Henry*, seigneur de la Plesse, dont elle n'eut qu'un fils unique, reçu conseiller au Parlement de Bretagne en 1718, lequel ne laissa lui-même qu'une fille, morte sans postérité en 1731.

8° Julie *de Cornulier*, née à Nantes le 14 septembre 1679, mariée dans la chapelle du Boismaqueau, le 16 juillet 1697, à Paul *Le Feuvre*, seigneur de la Brulaire, dans la paroisse de Gesté, en Anjou, conseiller au Parlement de Bretagne, fils de défunt Charles Le Feuvre et de dame Hippolyte de Chevigné. Elle eut en partage la terre de la Poëze, et mourut à Nantes le 17 août 1755, et fut inhumée à Sainte-Radégonde. Elle laissa deux garçons et deux filles.

9° Thérèse *de Cornulier*, née à Nantes le 1er mars 1681, morte à Teillé le 20 du même mois.

10° Prudence-Renée *de Cornulier*, née à Nantes le 27 mai 1682, morte dans la même ville le 25 décembre 1697, et inhumée à Sainte-Radégonde.

11° Eulalie *de Cornulier*, née à Nantes le 26 janvier 1690 morte à sa terre du Boisbenoît le 16 novembre 1715, et inhumée dans l'église de Vallet. Sans alliance.

XI. — Claude DE CORNULIER, IIᵉ du nom, chevalier, seigneur du Boismaqueau, de la Sionnière, de la Poëze, de

Bourmont, Clermont, Saint-Père, Saint-Ouën, la Motte; de
la Guillebaudière, en Haute-Goulaine, etc., naquit à Nantes le
1er janvier 1666, et fut nommé à Teillé le 30 août 1667. Il
fut d'abord destiné à l'état ecclésiastique, et était pourvu, dès
1679, du prieuré de la Madeleine d'Iff, qui passa à son frère
cadet du même nom quand il renonça à cette vocation; et
tenait encore, en 1695, l'aumônerie du Loroux-Bottereau.
Il fut pourvu de l'office de président en la Chambre des
Comptes de Bretagne, en survivance de son père, par lettres
du 11 août 1691, « étant bien informé, dit le Roi, des
» grands et signalés services que nous ont rendus ses père et
» ayeul; » et reçu et installé dans ledit office par arrêt du
14 septembre suivant. Puis il fut nommé conseiller du Roi en
ses conseils d'État et privé.

Il entra à la Chambre avec des dispenses de quatorze ans
d'âge et de dix ans de service ainsi motivées : « Estimant
» qu'il est très-juste de mettre en particulière recommanda-
» tion les anciennes familles qui ont produit successivement,
» depuis des siècles entiers, des personnes qui se sont rendues
» recommandables et placées hors du commun des hommes,
» tant par leurs vertus que par leurs services et actions im-
» portantes; bien informé que tous les prédécesseurs du sieur
» Claude de Cornulier se sont toujours fait distinguer par leur
» fidélité et affection à notre service, etc. » — Et quand,
en 1726, il fit la résignation de son office en faveur de son
fils, le Roi ne l'accepta qu'à la condition qu'il en retiendrait
la survivance. « La connaissance particulière, dit-il, que
» s'est acquise le sieur de Cornulier père, des droits de notre
» couronne et de nos domaines et finances dans l'exercice de

» sa charge, nous ayant fait souhaiter qu'il continuât de la
» remplir et de nous y rendre les mêmes services qu'il a jus-
» qu'ici rendus à l'exemple de ses ayeul et père, nous n'avons
» donné notre agrément à son fils pour la charge de président
» qu'à la condition de retenue de service; en sorte que, sans
» nous priver et le public de l'avantage et de l'utilité qu'on
» doit retirer des lumières, de l'expérience et de la capacité
» que s'est acquises le sieur de Cornulier père, nous lui mar-
» querons notre estime et la satisfaction que méritent ses
» longs services et ceux de ses ancêtres, et nous marquerons
» de même à son fils notre confiance et le désir que nous
» avons, en le voyant succéder à la charge de son père, de
» le voir aussi succéder aux vertus et à la probité qui le dis-
» tinguent. »

Claude *de Cornulier* mourut à Nantes le 3 avril 1740, et
fut inhumé dans l'église de Sainte-Radégonde. Il avait épousé
dans la même ville, le 2 juin 1697, Anne-Marie DOUARD DE
VILLEPORT, née à la Guillebaudière, en Haute-Goulaine, le
30 juillet 1675, et morte à Nantes le 28 février 1747. Elle
était fille aînée et principale héritière de défunt Jean-Baptiste
Douard, chevalier, seigneur de Villeport, de la Drouétière, en
Saint-Herblon; du Grador, du Hesqueno, du Coëtdigo, du
Hencoët, aux paroisses de Saint-Patern, de Saint-Avé, de
Plaudren et de Questembert, en l'évêché de Vannes; du
Bodel, etc.; premier chambellan du duc d'Orléans, maréchal
de bataille des camps et armées du Roi, son lieutenant en
l'île et citadelle de Belle-Isle-en-Mer et îles adjacentes, gou-
verneur de Malestroit; et de Marie *Gouyon,* douairière du
Gué, dame du Plessis et de la Guillebaudière. Jean-Baptiste

Douard était veuf en premières noces de Gabrielle Botherel de
Quintin, dont il n'eut pas d'enfants, et sa seconde femme était
aussi veuve en premières noces et sans enfants de Germain-
François Foucher, chevalier, seigneur baron du Gué, en la
paroisse de Sainte-Flaive, en Poitou. De ce second mariage
ne vinrent que deux filles, madame de Cornulier, aînée, et
Thérèse Douard, religieuse à l'abbaye des Couëts, près Nantes.
Claude de Cornulier et sa femme vendirent la terre de la
Drouétière en 1718, et leurs terres de l'évêché de Vannes
en 1719. Leurs enfants furent :

1° Anonyme *de Cornulier*, mort à la Guillebaudière le 19 janvier
1700.

2° Toussaint *de Cornulier*, qui suit.

3° Jean-Baptiste-Toussaint DE CORNULIER, né en 1709, seigneur de
la Sionnière, en Teillé, et de l'Esnaudière, en Rezé; était
mousquetaire de la 1re compagnie en 1743, chevalier de
Saint-Louis en 1745; reçut son partage de puîné le 2 avril
1746; assista aux États assemblés à Nantes le 1er octobre
1764, et mourut le 19 janvier 1793. Il avait épousé à Nantes,
le 7 août 1747, Anne-Marie COSNIER DE LA BOTHINIÈRE,
née le 29 septembre 1709, morte à Nantes le 1er avril 1764,
et inhumée dans la collégiale de Notre-Dame. Elle était veuve
en premières noces de René *Cochon de Morepas*, reçu secrétaire du Roi en 1722, seigneur de Cordemais, de Vigneux
et de la Haye-Mahéas, en Saint-Étienne-de-Montluc; conseiller au conseil souverain du Cap-Français, dans l'île de
Saint-Domingue; et fille de Gilles Cosnier, écuyer, seigneur
de la Bothinière, en Saffré, et de Marie-Marguerite *Cosnier*
de la Grand'Haye, sa cousine germaine. Elle n'avait qu'un

frère, qui mourut sans postérité en 1798. De ce mariage
vinrent un fils et une fille, qui suivent.

A. Jean-Pierre *de Cornulier,* chevalier, né à Nantes le
   31 janvier 1750, mousquetaire de la 1re compagnie le
   31 mars 1764, sous-lieutenant au régiment de Royal-
   Pologne, cavalerie, le 17 août 1774, capitaine au même
   régiment le 12 juillet 1781 ; réformé le 1er mai 1788 ;
   chevalier de Saint-Louis ; émigra à Naples, puis à
   Palerme pendant la Révolution ; rentra en France en
   1802, fut nommé lieutenant-colonel honoraire à la Restauration, et mourut à Paris le 7 décembre 1825. Sans
   alliance.

B. Marie-Anne-Sainte *de Cornulier,* née à Nantes le 29 mai
   1748, mariée dans la même ville, le 7 mai 1776, à
   Louis-Anne *du Tressay,* chevalier, seigneur de la
   Sicaudais, en Arthon ; de la Jarie, la Bunière, etc.;
   fils de Pierre-Louis-Anne du Tressay et de dame Hip-
   polyte-Hyacinthe de Tinguy. Elle est morte, sans laisser
   de postérité, au château de la Jarie, dans la paroisse
   du Clion, le 30 octobre 1780.

4° Jeanne *de Cornulier,* née en 1698, mariée dans la chapelle du
Boismaqueau, le 11 mars 1720, à Jean-Pierre *Charbonneau,*
chevalier, seigneur de l'Étang, de Mouzeil, etc., fils de défunt Pierre Charbonneau et d'Yvonne Baudouin. Elle mourut
à Nantes le 5 avril 1772, et fut inhumée à Sainte-Radégonde.
Elle laissa deux fils et une fille.

5° Anne *de Cornulier,* morte à Nantes le 14 février 1704, âgée
de deux jours.

XII. — Toussaint DE CORNULIER, chevalier, seigneur du
Boismaqueau ; de la Motte, en la paroisse de Trans ; de la

Guillebaudière, en Haute-Goulaine ; baron de Quintin-en-
Vannes, en 1763, etc., naquit à Nantes le 2 juillet 1705, et
fut reçu président en la Chambre des Comptes de Bretagne le
4 septembre 1726, avec des lettres qui le dispensaient de
l'âge requis et de tout service antérieur, mais à la condition
que son père retiendrait la survivance de sa charge et en
continuerait les fonctions ; « en sorte, portent les lettres du
» 27 août 1726, que la grâce que nous avons faite aux sieurs
» de Cornulier père et fils, comme une distinction que mé-
» ritent les longs services et le fidèle attachement de leur
» famille, nous conservera l'avantage et l'utilité qu'on doit
» attendre de la consommation que s'est acquise le sieur de
» Cornulier père, et mettra son fils en état de se former aux
» devoirs et aux fonctions de ladite charge, pour la remplir
» un jour avec le zèle et la probité qui distinguent son père
» et qui ont de même distingué leurs ancêtres dans les diffé-
» rentes charges dont ils ont été revêtus. » — Par autres
lettres du 20 juin 1733, il lui fut permis, « sur les témoi-
» gnages avantageux rendus au Roi de son application et
» capacité, et vu l'expérience qu'il s'était acquise depuis sept
» ans, de présider en la Chambre des Comptes, bien qu'il
» n'eût pas encore atteint l'âge fixé de quarante ans. » —
Après son mariage, et en vue de succéder à la charge de son
beau-père, il quitta la Chambre des Comptes pour entrer au
Parlement, où il fut pourvu, le 3 février 1736, de l'office de
président en la Chambre des Enquêtes ; puis nommé, le 12
septembre 1738, à la place de Charles-René *de Cornulier*,
son beau-père, président à mortier au Parlement de Bretagne
et conseiller du Roi en ses conseils d'État et privé. Le 9 dé-

cembre 1739, il rendit aveu au Roi, au nom de sa femme, pour le marquisat de Châteaufremont, le comté de Vair et la baronnie de Montrelais; en 1770, il vendit la terre de la Guillebaudière, en Haute-Goulaine, et céda à la ville de Rennes, moyennant le prix de 120,000 livres, pour y établir l'intendance, l'hôtel de Cornulier, sur la Motte, qui passait pour un des plus somptueux de la ville, et qui est la préfecture actuelle.

Toussaint *de Cornulier* mourut à Paris le 10 avril 1778. Il avait épousé, dans la chapelle du château de Vair, le 19 juillet 1735, Marie-Angélique-Sainte DE CORNULIER, sa cousine, héritière principale de la branche aînée, tombée en quenouille, et qui fit sa fortune. Elle le rendit père de neuf enfants, savoir :

1° Toussaint-Charles-François *de Cornulier*, qui suit.

2° Jean-Toussaint *de Cornulier*, né au château de Vair le 29 février 1744, fut d'abord destiné à l'état ecclésiastique et présenté à la tonsure avant d'avoir atteint sa septième année ; plus tard, son goût le porta à préférer le parti des armes ; ses parents concilièrent cette vocation avec leurs projets en l'envoyant à Malte. Il fut reçu *chevalier de justice* dans l'ordre de Saint-Jean-de-Jérusalem en 1765, et prononça ses vœux en 1769, avec la promesse du généralat des galères ; mais il ne put obtenir, en raison de son âge, que le commandement de la galère magistrale qu'il tint en 1772 et 1773, époque à laquelle il navigua, et se lia d'amitié avec le fameux bailli de Suffren. Au retour de ses caravanes, il fut pourvu de la commanderie de la Roche-Ville-Dieu, en Poitou, et mourut à Poitiers le 14 février 1794.

Le grand-maître Pinto s'était engagé vis-à-vis du duc de Choiseul, en 1768 et avant l'émission de ses vœux, à lui

conférer la commanderie du prieuré de Champagne ou celle
du prieuré d'Aquitaine, à son choix; mais ce grand-maître
étant venu à mourir sur les entrefaites, son successeur, le
bailli Ximénès, le punit de ce qu'il avait donné sa voix à un
Breton, son compétiteur au magistère, en lui donnant une
des plus mauvaises commanderies de l'ordre. Dès avant la
Révolution, le commandeur de Cornulier s'était fait une
existence fort misérable; prodigue à l'excès, il avait contracté de grosses dettes à Malte; sa famille, qui lui avait
fourni les moyens raisonnables de tenir galère, à raison de
20,000 livres par an, refusa de payer l'excédant. Il prétendit
l'y contraindre par les voies de droit, et une rupture s'en
suivit. En 1777, ses créanciers firent séquestrer sa commanderie, et il fut réduit à une portion congrue de
800 livres.

3° Joseph-Élisabeth, chevalier *de Cornulier*, né à Rennes le
28 juin 1745, seigneur de la Touche de Nozay, après son
frère aîné, fut nommé capitaine au régiment de dragons de
Montecler le 5 mai 1772, et mourut au mois de juillet 1776.
Il avait épousé Louise-Reine-Jeanne *de Kervenozaël*, fille
unique de Laurent-Guillaume de Kervenozaël, chevalier,
seigneur de Kerambriz, chef de sa maison, et de Louise-
Joséphine-Reine de Boutouillic. Elle était alors veuve en
premières noces de Jean-Louis Baillon de Servon, conseiller
d'État, intendant de Lyon; et elle se remaria en troisièmes
noces, dès 1777, avec Joseph-Marie-Nicolas, vicomte du
Dresnay. Elle n'eut pas d'enfants des deux derniers lits,
mais elle avait eu du premier une fille, qui fut mariée en
1779 à M. le Fèvre d'Ormesson, président à mortier au
Parlement de Paris.

4° Marie-Angélique-Renée *de Cornulier*, née au château de Vair
le 22 avril 1737, mariée à Rennes, le 26 février 1756, à
Charles-Marie-François-Jean-Célestin *du Merdy*, marquis
de Catuélan, en la paroisse de Trédaniel, près Saint-Brieuc,

premier président du Parlement de Bretagne ; fils de Charles-Pierre-Félicien du Merdy, chevalier, marquis de Catuélan, président aux enquêtes du même Parlement, et de Marie-Jeanne-Jacquette Senant. Elle est morte à Moncontour le 5 juin 1824, laissant un fils marié à mademoiselle Bareau de Girac, et une fille mariée à M. du Boispéan.

5° Pauline-Pélagie *de Cornulier*, née à Vair le 24 août 1741, entrée en religion, le 7 mai 1758, au couvent de la Visitation du Colombier, à Rennes ; se retira pendant la Terreur au château de la Grève, dans le Perche ; puis, quand la sécurité fut rétablie, vint habiter le château de Vair, où elle est morte le 10 octobre 1816. Elle y demeurait dans une aile isolée, gardant une clôture absolue, ne sortant jamais et ne recevant personne autre qu'une sœur converse qu'elle avait près d'elle pour son service.

6° Rose-Anne *de Cornulier*, née le 11 novembre 1746, mariée à Rennes, le 26 novembre 1765, à Jacques-Célestin-Jean-François-Marie *du Merdy*, comte de Catuélan, seigneur de la Cour-de-Bouée, près Savenay, frère cadet du premier président du Parlement. Elle est morte à Paris, sans postérité, le 17 janvier 1798.

7° Marie-Anne-Charlotte *de Cornulier*, née à Vair le 2 novembre 1747, nommée à Anetz le 9 août 1751, mariée, le 10 février 1773, à Anne-Joseph *de Lanloup*, seigneur de Lanloup, près de Saint-Brieuc, fils de Gabriel-Vincent de Lanloup et d'Anne-Josèphe de la Boëssière. Elle mourut le 2 mai 1775, ne laissant qu'une fille, mariée en 1789 au comte de Bellingant, colonel, aide-de-camp du prince de Condé dans l'émigration, laquelle recueillit dans son partage la terre de la Touche, en Nozay.

8° Pauline-Jeanne *de Cornulier*, née en 1749, mariée dans la chapelle de Vair, le 20 février 1771, à Daniel-Henri-Louis-

Philippe-Auguste *Le Mallier*, chevalier, comte de Chassonville, officier au régiment de Royal-Pologne, cavalerie ; fils
de Jean-Charles-Louis Le Mallier, comte de Chassonville, et
de Thérèse-Eugénie-Françoise-Geneviève du Moulin, dame
du Brossay. Elle est morte au château du Plessis-Hudlor,
près Plélan, le 1er avril 1840, laissant un fils mort sans
alliance, et quatre filles : mesdames du Bot, *de Cornulier de
la Caraterie,* de Montfort et de la Boëssière.

Madame de Chassonville eut dans son partage le château et
le parc d'Elven ; c'était tout ce qu'il y avait de domaine foncier, et c'est tout ce qui restait, après les lois abolitives de la
féodalité, du magnifique comté de Largouët et des baronnies
adjacentes de Lanvaux et de Quintin-sous-Vannes. Cette
abolition, sans rachat, fut une grande iniquité, en Bretagne
surtout, où les juridictions particulières avaient un caractère
plus essentiellement patrimonial encore que dans le reste de
la France. En fait, il n'y eut de supprimé que les prérogatives honorifiques et les rentes bien minces dites féodales,
devenues insignifiantes en elles-mêmes par suite de l'avilis-
sement successif de l'argent, et qui ne servaient plus guère
qu'à marquer la supériorité du fief qui les recevait, car tout
ce qui constituait les droits utiles et importants fut transporté,
avec aggravation des charges, au gouvernement, qui les
perçoit encore aujourd'hui par les contributions indirectes et
surtout par l'enregistrement. Ce ne fut donc, en définitive,
qu'une odieuse confiscation, colorée d'une apparence de
bien public, et celle-là n'a été tempérée par aucune indem-
nité. Les propriétés de ce genre étaient les plus recherchées ;
à revenu égal, elles étaient prisées à un denier bien supérieur aux simples domaines, et elles constituaient toute la
fortune de beaucoup de familles. Si les revenus féodaux
étaient variables en raison des casuels, leur rentrée du moins
était facile et bien assurée ; leur grand inconvénient prove-
nait de la confusion qui s'était mise dans les fiefs par le laps
du temps ; il en résultait de fréquents et interminables procès

entre les seigneurs voisins pour déterminer leurs mouvances. Comme simplification de la propriété foncière, le rachat des droits féodaux était d'ailleurs devenu une mesure très-désirable.

9° Marie-Émilie *de Cornulier*, née le 2 juillet 1753, mariée à Vair, le 4 juin 1776, à Charles-Jean-Baptiste *Morel*, chevalier, marquis de la Motte, en la paroisse de Gennes, conseiller au Parlement de Bretagne; fils de Charles-Auguste-François-Annibal Morel de la Motte et de Anne-Esther Martin de la Baluère. De ce mariage ne vint qu'une fille, mariée à M. de Martel, laquelle n'a laissé elle-même que deux filles : mesdames de Caradeuc et Guérin de la Grasserie.

XIII. — Toussaint-Charles-François, marquis DE CORNULIER, seigneur de la Rivaudière, en la paroisse de Chevaigné, près Rennes; de la Vrillière, en la Chapelle-Basse-Mer; de la Ville-Basse, près de Tréguier; de Châteaugal, en Landelleau, près Carhaix; des Clairaux, de Bonne-Denrée, paroisse de la Chapelle-Chaussée, près de Montfort, etc.; mourut avant sa mère et ne survécut qu'un an à son père, en sorte qu'il ne fut jamais en possession des principales seigneuries de sa famille. Cependant, il avait eu en dot la terre de la Touche, en Nozay, retirée par sa mère; il en portait le nom, et c'est là qu'il habita immédiatement après son mariage. Il naquit au château de Vair le 2 février 1740, et entra d'abord au service militaire en qualité de cornette au régiment de dragons de Marbœuf, le 16 août 1758, et fut nommé capitaine au régiment de dragons de Chabrillan le 1er décembre 1762. Le 21 avril de la même année, il avait été pourvu de l'office de

conseiller au Parlement de Bretagne; mais il n'en continua
pas moins son service au régiment, malgré cette dernière
charge, tellement qu'en 1774 on ignorait généralement qu'il
en fût revêtu. Son inclination particulière ne le portait pas
vers la magistrature, et on ne l'avait fait recevoir au Parlement, à l'âge de vingt-deux ans, que pour le mettre en mesure de recueillir un jour la charge de président à mortier
qu'on tenait à maintenir héréditairement dans la famille. Il
en fut pourvu par lettres du 2 août 1775, ainsi motivées :
« La connaissance que le feu Roi, notre ayeul, de glorieuse
» mémoire, avait eue du zèle et de l'attachement du sieur
» Toussaint de Cornulier dans les charges de président qu'il
» avait remplies tant à la Chambre des Comptes de Nantes
» qu'aux enquêtes de notre Cour de Parlement de Bretagne,
» le détermina à le revêtir, en 1738, d'un office de président
» à mortier à la même cour. Satisfait de son affection au bien
» public et voulant lui en témoigner sa bienveillance, il donna,
» en 1762, au sieur Toussaint-Charles-François de Cornulier,
» son fils, l'agrément d'un office de conseiller en la même
» cour, persuadé qu'à l'exemple de ses ancêtres, et spéciale-
» ment du sieur de Cornulier, son père, il ne laisserait rien à
» désirer dans l'exercice dudit office. Ce zèle héréditaire
» s'étant toujours manifesté, nous engage aujourd'hui à
» accepter la démission de l'office de président à mortier
» qu'a faite le sieur de Cornulier père, et à en accorder
» l'agrément à son fils, dans la confiance où nous sommes
» que des services aussi longs et aussi distingués ne nous
» laisseront rien à désirer sur les devoirs d'un office de cette
» importance. »

Dans la querelle des Parlements avec le ministère, il prit chaudement le parti de sa compagnie, se démit avec la plupart de ses collègues, et adressa au président de Kerambourg, qui l'avait remplacé dans la cour des Ifs ou de Maupeou, une mordante satire en trente articles, et qui eut alors un grand succès; elle est intitulée : *Le grand et sublime cérémonial du mortier de Bretagne, donné par M. le P. de Cornulier à M. le P. de Kerambourg à son avénement.*

Toussaint-Charles-François *de Cornulier* avait conservé sous la toge les habitudes dissipées du capitaine de dragons; elles abrégèrent ses jours; il mourut au château de Vair le 10 décembre 1779, et fut inhumé dans la chapelle de la Sainte-Vierge de l'église d'Anetz. Il avait épousé à Rennes, le 17 juin 1766, Marie-Félix-Pauline HAY DES NÉTUMIÈRES, née en 1752, fille aînée de feu Charles-Marie-Félix Hay, chevalier, comte des Nétumières, chevalier de Saint-Louis, capitaine au régiment du Roi, infanterie, et de Jeanne-Marguerite *Hay des Nétumières,* héritière principale des Hay, seigneurs de Châteaugal et de Tizé. Marie-Félix-Pauline Hay n'avait que deux sœurs cadettes : l'une, mariée à M. de Lorgeril, officier de la marine, dont elle a laissé postérité; l'autre, morte religieuse à la Visitation de Rennes, dont l'abbé Carron a écrit la vie comme un parfait modèle d'édification. Elle mourut elle-même au château de la Rivaudière, le 3 mai 1781, laissant trois enfants, savoir :

1º Toussaint-François-Joseph *de Cornulier,* qui suit.

2º Marie-Pauline-Sainte *de Cornulier,* née à Rennes le 25 février 1769, nommée à Nozay le 29 septembre 1771, mariée

à Rennes, le 18 juin 1787, à Mathurin-Louis-Anne-Bertrand
de Saint-Pern, président à mortier au Parlement de Bretagne, fils de Jean-François-Bertrand de Saint-Pern, seigneur
de la Tour, et de Marie-Eulalie Salomon de Derval. Elle
mourut au château de Saint-Pern le 18 septembre 1788,
laissant deux fils : Jean-Louis-Marie-Bertrand, comte de
Saint-Pern, marié en 1815 avec Marie-Camille-Albertine
de Cornulier, sa cousine germaine, comme on le dira au
degré suivant; et Joseph-Marie-Thérèse de Saint-Pern, lieutenant-colonel de cavalerie, marié avec Élisabeth Magon de
la Lande.

3° Marie-Félicité-Camille *de Cornulier*, née le 9 novembre 1777,
mourut sans alliance, le 30 juillet 1792, dans l'île de Jersey,
où elle était émigrée.

XIV. — Toussaint-François-Joseph DE CORNULIER, marquis de Châteaufremont, comte de Largouët et de Vair, baron
de Montrelais, de Lanvaux et de Quintin-en-Vannes, etc.,
naquit à Rennes le 6 juin 1771, et épousa à Paris, le 28
avril 1788, Amélie-Laurence-Marie-Céleste DE SAINT-PERN-
LIGOUYER, née à Rennes le 8 février 1773, morte à Nantes
le 28 janvier 1858, fille de Bertrand-Auguste, marquis de
Saint-Pern, seigneur de la Bryère, et de Françoise-Marie-
Jeanne *Magon de la Balue*.

Le marquis de Cornulier était encore enfant lorsqu'il perdit
ses père et mère; il fut placé au collége de Rennes avec un
gouverneur et un domestique, et confié aux soins de M. de
Lucinière, chez qui il passait ses jours de congé à Rennes et
le temps de ses vacances à Lucinière : de sorte que les enfants

de celui-ci le considéraient plutôt comme un frère que comme
un parent éloigné. Il n'avait que dix-sept ans lorsqu'il se
maria, sa petite femme n'en avait que quinze. Au commencement de la Révolution, il entra dans la garde constitution-
nelle de Louis XVI, mais il n'y resta que peu de temps, ayant
émigré bientôt après. Il servait dans l'armée des princes,
lorsque, tourmenté du désir de revoir sa jeune famille qui ne
l'avait pas suivi, il rentra en France au plus fort de la Terreur. Cette imprudence lui coûta la vie. Condamné à mort, il
tomba sous la hache révolutionnaire à Paris, le 19 juillet
1794, à l'âge de vingt-trois ans. Sa femme, condamnée à
mort comme lui, fut conduite près de la guillotine, et là, son
mari la pressa de déclarer qu'elle était grosse, ce qu'elle fit
avec répugnance; elle aurait préféré ne pas survivre à son
mari qui allait périr dans le même moment; mais l'idée de
ses enfants ralluma en elle l'amour de la vie; ils étaient si
jeunes, si destitués, si seuls sur la terre! Elle fit donc cette
déclaration et fut jetée à coups de pieds hors de la charrette
qui conduisait son mari et ses autres parents à l'échafaud.
Ramenée par les gendarmes à la Conciergerie, sa femme de
chambre conçut le projet de la sauver; elle parcourut toutes
les sections de Paris et parvint à intéresser en sa faveur
M. Le Picard, mort sous la Restauration conseiller à la Cour
de Cassation; non-seulement il fit sortir de prison la marquise
de Cornulier, mais il fit encore lever le séquestre mis sur ses
biens; enfin, il n'est sorte de services qu'il ne lui rendit. De
son côté, madame de Cornulier ne tarda pas à trouver l'occasion de s'acquitter envers lui en payant la dette de la
reconnaissance. Dans ces temps affreux, où chaque citoyen

ne pouvait compter sur un jour d'existence, M. Le Picard, devenu odieux aux bonnets rouges, allait monter à l'échafaud lui-même, lorsque madame de Cornulier, à force d'argent et d'adresse, détourna la tempête et parvint à le sauver. A la Restauration, elle le fit nommer secrétaire-général de la chancellerie.

Le marquis *de Cornulier* fut père de cinq enfants, savoir :

1° Toussaint-Jean-Hippolyte *de Cornulier,* qui suit.

2° Marie-Camille-Albertine *de Cornulier,* née à Paris le 19 juillet 1791, mariée à Nantes, le 2 février 1815, à Jean-Louis-Marie-Bertrand, comte *de Saint-Pern,* son cousin germain, fils de Mathurin-Louis-Anne-Bertrand de Saint-Pern de la Tour et de Marie-Pauline-Sainte *de Cornulier,* mentionnée au degré précédent. Elle en a trois fils et trois filles.

3° Marie-Pauline-Fortunée *de Cornulier,* née à Paris le 25 juillet 1792, mariée à Nantes, le 17 mai 1817, à Louis, marquis *de Monti,* officier aux gardes-du-corps du Roi, chevalier de Saint-Louis, fils de Louis-Claude-René de Monti et de Flore-Victoire le Roux des Ridellières de Commequiers. Elle est morte à Nantes, sans postérité, le 29 avril 1857.

4° Marie-Ernestine *de Cornulier,* née à Paris le 5 juin 1793, morte le lendemain.

5° Marie-Cornélie *de Cornulier,* née à Paris le 15 juin 1794, morte le lendemain.

XV. — Toussaint-Jean-Hippolyte, marquis DE CORNULIER, né à Paris le 25 août 1789, fut nommé chef de la troisième cohorte de la légion de la garde nationale de la Loire-Inférieure le 31 août 1813, chef d'escadron le 16 septembre 1814, chevau-léger de la garde du Roi le 23 du même mois; fut attaché à l'état-major du duc de Bourbon dans la Vendée au 20 mars 1815, puis suivit le Roi à Gand, sous le commandement du duc de Berry; fut nommé chef d'escadron au régiment de dragons de la Manche le 22 novembre 1815; chevalier de la Légion-d'Honneur le 25 avril 1821; fit la campagne d'Espagne en 1823, et y fut nommé, pour son intrépidité, chevalier de Saint-Louis sur le champ de bataille, le 23 juillet. Passé chef d'escadron aux chasseurs de la garde royale le 14 octobre 1823, il fut promu lieutenant-colonel au 16e régiment de chasseurs à cheval le 29 octobre 1828. Mais un jour vint où les principes qui avaient mené une partie de sa famille sur l'échafaud de 1793 lui firent un devoir de briser son épée en face d'une Révolution qui chassait les princes qu'il avait servis; il n'hésita pas et fut réputé démissionnaire, le 22 août, par suite de son refus de serment au gouvernement de 1830.

Encore jeune, doué d'une santé de fer, riche, entouré de relations brillantes, ayant déjà largement payé sa dette à son pays, tout semblait convier le marquis de Cornulier à jouir paisiblement de sa belle position sociale, à mener une de ces existences molles et agréables, mais futiles, qui sont le terme des aspirations vulgaires. Il n'eut pas un moment la pensée de se livrer à cette égoïste oisiveté; dévoré d'une prodigieuse activité de corps et d'esprit, sa riche organisation ne comprenait pas le repos, et sa conscience se révoltait à l'idée de devenir un homme inutile.

Son ambition ne consistait pas à faire parler de lui; d'une

modestie extrême, il évitait soigneusement de se mettre en évidence; les services cachés étaient ceux qu'il rendait le plus volontiers. Il ne se proposait pas davantage d'augmenter par des spéculations une fortune déjà bien supérieure à la simplicité de ses goûts; en maintes circonstances on l'a vu sacrifier ses intérêts particuliers au bien public; on peut même dire qu'il subordonnait à l'intérêt général l'avenir de ses propres enfants, en créant incessamment des établissements utiles sans doute, mais destinés à devenir d'une administration bien difficile après lui. C'est ainsi que, s'oubliant lui-même et moins préoccupé des siens que des populations qu'il avait adoptées, le marquis de Cornulier fut par excellence un grand citoyen, un véritable et sincère patriote.

Rentré, en 1831, à son château de Vair, il y essaya d'abord l'industrie des betteraves à sucre et celle de la chaufournerie sur une grande échelle, les considérant comme les deux éléments principaux d'amélioration pour la culture locale; mais là, l'agriculture était déjà trop perfectionnée pour lui; son esprit entreprenant n'y trouvait pas assez à créer; il lui fallait un théâtre plus vaste, où il eût tout à faire.

Frappé des progrès qu'avait réalisés, dans le département des Landes, l'habile administration du baron d'Haussez, il voulut continuer la même œuvre. De concert avec quelques-uns de ses parents, il acquit ce qui restait de l'ancien duché d'Albret, comprenant encore plus de douze mille hectares, dans la partie de la France la plus arriérée et qui passait pour la plus ingrate; il alla se fixer à Mont-de-Marsan pour diriger cette immense exploitation, et bientôt il couvrit de vastes établissements agricoles et d'usines importantes de toutes sortes les parties les plus déshéritées des départements des Landes, de Lot-et-Garonne et des Basses-Pyrénées, imprimant partout et à toutes choses une impulsion salutaire, donnant la vie et l'aisance là où l'on ne connaissait avant lui que la solitude et la misère. Pour nous borner à la ville de Mont-de-Marsan, qu'il avait, au péril de sa fortune, sauvée de la disette en 1846, il la dota d'une minoterie modèle, de moulins à huile, de bains publics, d'une scierie hydraulique, d'importants établissements métallurgiques; il y créa une vaste culture maraîchère, et allait y établir une distribution d'eau sur tous les points, quand la mort le surprit.

Le seul usage qu'il fit de sa fortune, c'était pour le travail; il aimait mieux avoir tous les jours mille ouvriers à sa solde que de se donner le moindre luxe, la moindre jouissance: heureux et pleinement satisfait quand il avait procuré à de nombreuses familles leur pain quotidien. Sa santé, il l'usait à voyager par tous les temps, à visiter ses nombreux ateliers, à encourager ses travailleurs. Dans les distinctions civiles qui étaient venues chercher sa modestie, il ne voyait qu'une raison de plus de se dévouer aux intérêts publics, une excitation nouvelle à créer toujours, sans trève ni repos, une dette qu'il devait payer à la société par de nouveaux efforts de générosité et d'abnégation.

Le marquis de Cornulier s'acquit ainsi une considération et une popularité immenses dans ces contrées qu'il avait vivifiées; son affabilité, la bonté de son cœur, la simplicité et la franchise de ses manières, le rendaient cher à ces populations qui ne le voyaient jamais user de sa supériorité que pour réaliser le bien de son pays d'adoption et de ses habitants.

Mais ce qui surtout relevait son caractère, c'était son empressement à aller au-devant de l'infortune et à honorer par le travail toutes les misères qui s'abritaient derrière lui. Il était la Providence du pays : tous ceux qui pouvaient travailler trouvaient, suivant leur âge, leurs forces et leur aptitude, de l'occupation dans ses nombreux établissements, et sa charité n'avait point de bornes pour ceux qui étaient incapables de gagner; type de bienfaisance, on le nommait *l'Ami des Pauvres*.

La mort qui frappa subitement le marquis de Cornulier à Mont-de-Marsan, le 17 juillet 1862, fut un coup de foudre pour tout le pays, tant il y avait d'existences qui tenaient à la sienne. Ses funérailles présentèrent tous les caractères d'une manifestation et d'un deuil publics; les sentiments de considération, d'estime et de gratitude dont la population tout entière était pénétrée furent exprimés sur sa tombe dans des discours prononcés par le préfet des Landes, par le maire de la ville et par le directeur de ses usines.

Le marquis *de Cornulier* avait épousé à Paris, le 22 juin 1824, Marie-Charlotte-Hermine DE SESMAISONS, née en 1806, fille de Claude-Louis-Gabriel-Donatien, comte de Sesmaisons, maréchal de camp, commandeur de la Légion-d'Honneur, pair de France, et d'Anne-Charlotte-Françoise *Dambray*, fille du chancelier de France et petite-fille du chancelier *de Barentin*. De ce mariage sont issus :

1° Charles-Joseph-Gontran *de Cornulier,* qui suit.

2° Isabelle *de Cornulier,* née le 3 janvier 1827, morte au château de Vair au mois d'octobre 1853.

3° Donatienne-Marguerite-Marie *de Cornulier,* née le 27 février 1828, mariée à Mont-de-Marsan, le 7 juin 1844, à Augustin-Raoul, marquis *de Mauléon,* fils d'Amable-Lambert-Charles-Joseph-François-Julien, marquis de Mauléon, et d'Aglaé-Françoise-Rosalie Barrin de la Galissonnière. Elle en a trois filles.

4° Marie-Camille-Hermine *de Cornulier,* née à Mont-de-Marsan le 8 juillet 1838, mariée dans la même ville, le 11 février 1857, à Joseph-Victor, comte *de Lonjon,* fils de Clément-François-Louis-Joseph, comte de Lonjon, ancien officier aux gardes-du-corps du Roi, et de Marie-Léonide Brocque. Elle en a deux filles.

XVI. — Charles-Joseph-Gontran, marquis DE CORNULIER, né à Paris le 18 octobre 1825, a épousé au château de Fontaine-Henri, près Caen, le 1ᵉʳ juin 1847, Ernestine-Élisabeth LE DOULCET DE MÉRÉ, fille de Louis-Charles-Marie-Edmond Le Doulcet, vicomte de Méré, ancien lieutenant au 3ᵉ régiment des chasseurs à cheval de la garde royale, et de Henriette-Hedwige *Gillet de la Renommière,* dont il a :

1° Jean-Henri-Marie *de Cornulier,* né à Caen le 5 février 1849.

2° Henri-Marie-Edmond-Toussaint *de Cornulier,* né à Caen le 18 décembre 1849.

3° Marie-Madeleine-Aglaé-Joséphine *de Cornulier,* née à Caen le 21 juillet 1851.

BRANCHE DE LA CARATERIE.

IX. — Charles DE CORNULIER, chevalier, seigneur des Croix et des Gravelles, fut connu sous le nom de la première de ces seigneuries jusqu'à l'époque de son mariage, et, depuis, sous celui de la seconde. Il était fils puîné de Claude Ier *de Cornulier* et de Judith *Fleuriot,* et naquit à Nantes le 19 août 1623. Il reçut de son frère aîné, Pierre IV de Cornulier, baron de Châteaufremont, son partage de juveigneur, par acte du 22 janvier 1650; fut élu capitaine de la noblesse par les gentilshommes du pays de Retz, au comté nantais, et confirmé dans cette charge par lettres du Roi du 3 septembre 1666. Il mourut à Nantes le 10 mai 1678, et fut inhumé dans l'église de Sainte-Radégonde. Il avait épousé dans cette ville, par contrat du 30 avril 1651, Louise DE LA JOU, fille unique de feu Jean de la Jou, écuyer, seigneur de la Blanchardière et de la Caraterie, dans la paroisse de Saint-Étienne-de-Mer-Morte, et d'Élisabeth *Nepvouet.* Louise de la Jou se retira à Machecoul après le mariage de son fils, auquel elle abandonna la Caraterie, et mourut dans cette ville le 26 novembre 1693.

Charles de Cornulier avait reçu en partage définitif la terre

CHÂTEAU DE LA CARATERIE.

Lith.H.Charpentier, Nantes

Félix Benoist, del & lith

et seigneurie des Gravelles, située aux paroisses de Saint-Onen et de Saint-Méen; des métairies dans les paroisses de Plouasne et de Saint-Pern, évêché de Saint-Malo, et un hôtel à Nantes, ce qui constituait un fort bel aportionnement de juveigneur. Sa femme était plus riche encore : elle lui avait apporté en mariage les terres de la Caraterie, de la Blanchardière, de Pinglou, du Fief-Bérard, du Vivier, etc. Elle héritait, en outre, pour la totalité de sa cousine, Jeanne de la Jou, dame de la Bertrandière, et en partie de Philippe de la Loirie, chanoine de Guérande. Charles de Cornulier trouva le moyen de dissiper toute cette fortune, qui aurait assuré un avenir prospère à sa postérité. Sans s'occuper du lendemain, il payait ses dettes en créant des rentes, et s'estimait libéré quand il avait esquivé par ce moyen le remboursement du capital; aussi, après que sa succession fut liquidée, il ne resta à son fils que la terre de la Caraterie toute seule, et encore n'était-elle pas complétement dégrevée. Toutefois, il est juste d'observer que, pour satisfaire aux idées de l'époque, sa charge de capitaine de la noblesse lui imposait une représentation ruineuse; il n'était pas jusqu'au maréchal de la Meilleraye qui ne vint s'établir chez lui à son passage à Nantes.

Charles *de Cornulier* et Louise *de la Jou* n'eurent pas moins de douze enfants, qui suivent :

1° Pierre *de Cornulier*, né à Nantes le 14 août 1652, mort jeune, après 1668.

2° Charles-Yoland *de Cornulier*, qui restait unique héritier de son père en 1695, et qui suit.

3° Autre Charles-Yoland *de Cornulier*, né à Nantes le 10 février 1665.

4° Claude *de Cornulier*, né le 11 juillet 1669, baptisé à Paulx le 7 mars 1679, vivait encore en 1687.

5° Jean-Baptiste *de Cornulier*, nommé à la Caraterie le 17 avril 1675, mort à Nantes le 25 septembre 1685, avait été destiné à l'état ecclésiastique et était déjà pourvu, en 1684, de la chapellenie ou légat de la Savarière, en la paroisse d'Aigrefeuille.

6° Charlotte-Louise *de Cornulier*, née à Nantes le 22 juin 1654, vivait encore en 1673.

7° Françoise-Josèphe *de Cornulier*, née à Nantes le 5 octobre 1656.

8° Marie *de Cornulier*, née à Nantes le 22 février 1660, baptisée à Paulx le 26 mai 1665, vivait encore en 1677.

9° Judith *de Cornulier*, née à Nantes le 6 janvier 1663, vivait aussi en 1677.

10° Jeanne-Louise *de Cornulier*, née le 22 octobre 1666, baptisée à Paulx le 23 avril 1677, vivait encore en 1684.

11° Isabelle *de Cornulier*, née à la Caraterie le 24 août 1672.

12° Anonyme *de Cornulier*, née à Nantes le 24 novembre 1678, six mois après la mort de son père.

X. — Charles-Yoland DE CORNULIER, Ier du nom, chevalier, seigneur de la Caraterie, né en 1655, lieutenant de la
noblesse au comté nantais, puis capitaine de la compagnie

des gentilshommes du pays de Retz après son père, mourut au château de la Caraterie le 25 septembre 1705, et fut inhumé dans l'église de Paulx. Il avait épousé à Nantes, le 1ᵉʳ février 1681, Julienne HALLOUIN, dame de la Houssinière, qui mourut à Nantes le 29 décembre 1707, et fut inhumée dans l'église de Saint-Denis. Elle était fille de feu écuyer Pierre Hallouin, seigneur de la Morhonnière, en Saint-Similien, près Nantes, ancien échevin de cette ville et sénéchal de Clisson, et de feue Françoise *Monnier*. De ce mariage vinrent :

1° Charles-Yoland DE CORNULIER, IIᵉ du nom, seigneur de la Caraterie, né le 5 septembre 1683, et nommé à Paulx le 6 janvier 1684. Il avait pour curateur, en 1710 (à l'âge de vingt-sept ans), Claude de Cornulier, seigneur du Boismaqueau, président en la Chambre des Comptes de Bretagne, qui le cautionna en 1715 pour la Caraterie, mise alors en bail judiciaire, et qu'il exploitait à son compte. Il était marié en 1725 avec Françoise NAU, et mourut sans postérité en 1728.

2° Jean-Baptiste *de Cornulier*, abbé de la Caraterie, né à la Caraterie le 10 octobre 1688, chapelain des chapellenies de Sainte-Barbe et de Saint-Jean, en la Trinité de Machecoul, et de la Madeleine, en Saint-Philbert-de-Grand-Lieu, en 1705; de la chapellenie des Garreaux, en Sainte-Croix de Machecoul, en 1706 ; de Notre-Dame-de-la-Fumoire, en la Chapelle-Basse-Mer, en 1707; de la chapellenie des Gravoiles, en Saint-Léobin-de-Coutais, en 1711; curé de la paroisse de Nort de 1720 à 1723, puis de celle de Saint-Étienne-de-Montluc en 1724. Il y est mort le 5 février 1725, et fut inhumé dans son église.

3° Charlemagne *de Cornulier,* né à la Caraterie le 6 février 1692, mort le 26 du même mois et inhumé dans l'église de Paulx.

4° Autre Charlemagne *de Cornulier*, qui suit.

5° Pierre *de Cornulier*, chevalier, capitaine au régiment de Ruis, mort à la Caraterie le 8 août 1715 et inhumé dans l'église de Paulx.

6° Claude DE CORNULIER, chevalier de la Caraterie, né à la Caraterie le 19 janvier 1698, capitaine des milices établies dans la paroisse de Bois-de-Céné pour la garde des côtes, mort à Paulx le 12 janvier 1755, épousa Anne LE MEIGNEN ou LE MAIGNAN, qui est le même nom, morte à la Pajotterie le 4 janvier 1777, âgée de soixante-dix-sept ans, et inhumée dans l'église de Paulx. Il en eut deux enfants qui suivent.

> A. Claude-Michel *de Cornulier*, écuyer, né à Paulx le 22 avril 1729 ; clerc tonsuré en 1749, sous-diacre en 1753, vicaire de Saint-Étienne-de-Mer-Morte en 1755, chanoine de l'église cathédrale de Rennes en 1758 ; mort à sa terre de la Pajotterie, en Saint-Étienne-de-Mer-Morte, le 19 novembre 1769, et inhumé dans l'église de Paulx.

> B. François *de Cornulier*, écuyer, seigneur de la Pajotterie, né à Saint-Étienne-de-Mer-Morte le 18 novembre 1730, mort à la Pajotterie le 22 novembre 1781 ; ne laissa qu'un fils naturel, nommé Jean-François, qu'il avait eu, en 1752, de demoiselle Jeanne Allain. Ce fils avait été baptisé à Saint-Étienne-de-Mer-Morte sous le nom de *Cornulier*, ayant pour marraine sa grand'mère Anne le Meignen ; il le porta jusqu'à son mariage, époque à laquelle un arrêt du Parlement, du 7 juillet 1778, lui fit défense de le prendre, et il s'appela depuis *des Véronnières*, ainsi que sa postérité, aujourd'hui éteinte.

7° Louise *de Cornulier*, née à la Caraterie le 29 novembre 1681, entrée en religion chez les Ursulines de Nantes en 1697, morte le 13 décembre 1751.

8° Bonne-Yolande *de Cornulier*, née le 9 mai 1685, baptisée à Paulx le 11 août suivant, mariée à Nantes, par contrat du 28 février 1709, à Simon *de Ruis*, alors capitaine des grenadiers du régiment de Laval, devenu en 1713 colonel du régiment de son nom, seigneur de la Brosse. Elle mourut à Paulx le 29 décembre 1765, sans laisser de postérité.

XI. — Charlemagne DE CORNULIER, Ier du nom, chevalier, seigneur de la Caraterie, né à Machecoul le 21 février 1694, capitaine commandant une compagnie de noblesse au comté nantais. Devenu héritier de son frère aîné, il donna, par acte du 25 février 1729, partage noble à ses deux cadets survivants, Claude et Bonne-Yolande de Cornulier. Jusque-là, les successions paternelle et maternelle n'avaient point été partagées, et, depuis la mort de leurs auteurs, tous les enfants avaient continué à vivre en commun chez leur frère aîné, qui était en curatelle. Ce Charlemagne ne fut pas moins prodigue que ne l'avait été son aïeul, et plus d'une fois il faillit anéantir le dernier débris de fortune que celui-ci lui avait laissé. Il contracta de grosses dettes, et sans l'intervention de sa fille, madame de Biré, qui vint à son secours dans les moments les plus critiques, sa terre de la Caraterie serait devenue la proie de ses créanciers.

Charlemagne Ier *de Cornulier* mourut à la Caraterie le 18 mars 1763, et fut inhumé dans l'église de Paulx. Il avait été marié trois fois. Il épousa en premières noces à Nantes, le 10 février 1721, Marie-Thérèse GIRAUD, sa cousine germaine, fille de feu François Giraud, écuyer, seigneur de la

Jaillière, en Orvault, ancien conseiller du Roi au présidial de
Nantes, et de Jeanne *Hallouin*, alors sa veuve. Elle mourut
en couches à Nantes le 15 mai 1722, et fut inhumée dans
l'église de Saint-Denis; elle était âgée de trente ans. Charlemagne de Cornulier épousa en secondes noces à Nantes, le
7 mars 1729, Françoise LE TOURNEULX, fille de feu Christophe Le Tourneulx, écuyer, seigneur de Sens, auditeur en
la Chambre des Comptes de Bretagne, et de Charlotte *de la
Bourdonnaye de Coëttion*. Elle était sœur puînée de Charlotte
Le Tourneulx, mariée à Claude III *de Cornulier,* seigneur de
Montreuil, et mourut en couches à la Caraterie le 19 mars
1730, âgée de trente ans. Il épousa en troisièmes noces à
Nantes, le 21 avril 1732, Marie-Rosalie MÉNARDEAU, dame
des Granges, en Saint-Étienne-de-Montluc, fille de feu Jean
Ménardeau, chevalier, seigneur de Maubreuil, en Carquefou,
et de Jacquette *le Haste*. Elle mourut à la Caraterie, âgée de
soixante-dix ans, le 21 juin 1775, et fut inhumée dans l'église
de Paulx.

Les enfants de Charlemagne Ier *de Cornulier* furent :

DU PREMIER LIT :

1° Charles-Toussaint *de Cornulier,* né à Nantes le 9 mai 1722,
    mort jeune.

DU DEUXIÈME LIT :

2° Anonyme *de Cornulier,* mort à la Caraterie le 9 mars 1730.

DU TROISIÈME LIT :

3° Charlemagne II *de Cornulier,* qui suit.

4° Alexandre-Gaston, chevalier *de Cornulier*, né à la Caraterie le 28 octobre 1758, lieutenant au régiment de Brie le 15 mai 1758, réformé le 31 décembre 1762; fut replacé comme sous-lieutenant au régiment de Bourgogne, infanterie, le 19 août 1764, promu capitaine au même régiment le 18 janvier 1775, passa au bataillon de garnison de Royal-vaisseaux le 5 juin 1779, et fut licencié le 20 mars 1791; fit les guerres de Corse, dans lesquelles il fut blessé, le 9 mai 1769, d'un coup de fusil à la main; fut pensionné du Roi et nommé chevalier de Saint-Louis en 1787. Il assista aux États assemblés à Nantes le 1er octobre 1764, et mourut célibataire à la fin de 1792, au château de la Caraterie, où il s'était retiré en quittant le service.

5° Marie-Rosalie *de Cornulier*, née à Nantes le 25 mars 1733, mariée à Paulx, par l'abbé de Cornulier, le 26 juin 1753, à René *de Biré*, chevalier, seigneur de la Senaigerie, en Bouaye; de Jasson, Malnoë, l'Épine, etc.; aîné de sa maison, fils de feu René de Biré et de Marie Baudouin. Elle est morte à Paulx le 20 août 1820, et n'a pas laissé de postérité.

6° Bonne-Jacquette *de Cornulier*, née à Nantes le 1er décembre 1734, morte à Paulx, sans alliance, le 25 novembre 1823.

7° Louise-Marie-Charlotte *de Cornulier*, née à la Caraterie le 16 janvier 1736, ne fut pas mariée et mourut après 1768.

XII. — Charlemagne DE CORNULIER, IIe du nom, chevalier, seigneur de la Caraterie et de Boistancy, en Paulx, naquit à la Caraterie le 8 juillet 1737, assista aux États assemblés à Nantes le 1er octobre 1764, et donna partage noble à ses

7

juveigneurs le 18 mars 1768. Pendant la première guerre de
la Vendée, son château de la Caraterie fut incendié, et il fut
réduit, comme tout le reste de la population, à fuir devant
les colonnes infernales. Réfugié avec sa famille dans une ferme
de la paroisse de Saint-Jean-de-Corcoué, il y tomba malade
et y mourut. C'est dans le cimetière de cette commune qu'il
est enterré.

Charlemagne II *de Cornulier* épousa à Nantes, par contrat
du 29 mai 1770, Rose-Charlotte DE GOYON, demoiselle de
Brissac, morte à la Caraterie au mois de décembre 1818,
fille de feu Arnaud-François de Goyon, chevalier, seigneur
des Hurlières, du Bois-Cornillé, la Motte-Roussel, etc., près
Vitré, avocat-général à la Chambre des Comptes de Bretagne,
et de Renée *de Luynes*. Rose-Charlotte de Goyon, femme d'un
grand mérite, avait dix frères ou sœurs, mariés pour la plupart et tous bien alliés. Son oncle, Joseph-Martin de Goyon,
seigneur de l'Abbaye, en Chantenay, qui avait épousé une
sœur de sa mère, laissa aussi neuf enfants. Ces vingt cousins,
doublement germains, ne laissaient pas que d'avoir chacun
une honnête fortune. Elle venait en majeure partie de leur
grand'mère, Émilie-Bernardine Geffrard, fille d'un gentilhomme des environs de Vitré, qui avait suspendu momenta-
nément son épée dans la salle des États pour faire, à Saint-
Malo, le grand commerce maritime, dans lequel plusieurs
familles de cette ville acquirent à cette époque des fortunes
colossales, et où il réussit lui-même à souhait ainsi que son
gendre. Celui-ci, Arnaud du Gouyon ou de Goyon, originaire
de Condom, en Guyenne, était huitième co-partageant dans
un patrimoine très-médiocre; il vint d'abord s'établir à Nantes,

en 1683, puis passa de là à Saint–Malo, où il épousa cette riche héritière en 1699.

Les enfants de Charlemagne II *de Cornulier* furent :

1° Anonyme *de Cornulier,* mort à la Caraterie le 5 octobre 1770.

2° Charlemagne-Alexandre-René-Augustin *de Cornulier,* qui suit.

3° Arnaud-Désiré-René-Victor *de Cornulier,* auteur de la BRANCHE DU BOISCORBEAU, qui suivra.

4° Louis-Auguste *de Cornulier,* auteur de la BRANCHE DE LA LANDE, qui suivra aussi.

5° Charles-Benjamin *de Cornulier,* né à la Caraterie le 13 août 1782, mort le 18 novembre suivant.

6° Marie-Rose-Rosalie-Augustine *de Cornulier,* née à la Caraterie le 10 avril 1772, morte au même lieu le 28 juillet 1781.

XIII. — Charlemagne–Alexandre–René–Augustin DE COR-NULIER DE LA CARATERIE, né à la Caraterie le 2 mars 1773, fit ses preuves pour le grade de sous-lieutenant, au cabinet du Saint-Esprit, devant Chérin fils, le 5 juin 1787, et entra, en 1789, en qualité de cadet gentilhomme, dans le régiment de Royal-Comtois, infanterie, où il servit jusqu'au commence-ment de la Révolution. Émigré en 1791, il entra, à Neuvied, dans les chevau-légers de la garde du Roi, où il fut incorporé dans la première compagnie noble d'ordonnance; fit en cette qualité la campagne de 1792, et servit dans ce corps jusqu'à son licenciement. En 1793, il fut placé dans le cadre com-mandé par le prince de Léon, depuis duc de Rohan; se trou-

vait à Quibéron et fit partie de la seconde expédition préparée
en Angleterre pour une descente à l'île d'Yeu, mais qui
n'opéra point son débarquement. Rentré plus tard en Bretagne, il y fit partie de l'armée royale jusqu'à la pacification
de 1798. Fut nommé chevalier de Saint-Louis à la Restauration, et chef du 1ᵉʳ bataillon de la 6ᵉ légion de la garde nationale de la Loire-Inférieure, au canton de Machecoul. Il est
mort à son château de la Caraterie le 30 octobre 1843.

Il s'était marié deux fois : en premières noces, le 5 septembre 1798, à Saint-Étienne-de-Montluc, avec Marie-Sainte
DE BIRÉ DE SAINT-THOMAS, née en 1766, veuve de Pierre-
Jean-Marie Le Bedel, et fille unique de Louis-René de Biré et
de feue Marie-Catherine *de Chevigné*. Il n'en eut que deux
enfants anonymes morts en naissant. Il épousa en secondes
noces à Nantes, le 18 avril 1809, Pauline LE MALLIER DE
CHASSONVILLE, fille de Daniel-Henri-Louis-Philippe-Auguste
le Mallier, comte de Chassonville, et de Pauline-Jeanne *de
Cornulier*, de la branche du Boismaqueau. Elle mourut à la
Caraterie au mois d'août 1817, ne laissant que deux filles.

1° Pauline-Mathilde-Rosalie *de Cornulier*, née à Nantes le 28
juillet 1810, mariée dans la même ville, le 17 septembre
1835, à Charles, comte *de Montsorbier*, fils d'Honoré-
Benjamin-Charles de Montsorbier et de Rose-Élisabeth-
Bénigne Voyneau du Plessis. Elle est morte sans postérité
le 25 mars 1859. Son mari épousa en secondes noces, le
17 janvier 1842, Victoire Guillet de la Brosse, qui mourut
le 15 novembre 1845, laissant une fille unique : Victoire-
Marie de Montsorbier, mariée le 7 octobre 1861 à Jean-
Louis-Arthur, vicomte *de Cornulier*, comme on va le dire
plus loin.

2° Henriette-Rose *de Cornulier,* née à Nantes le 17 janvier 1814, mariée le 28 octobre 1859 à Victor, comte *d'Escrots d'Estrée,* fils de Claude-Antoine, comte d'Escrots d'Estrée, ancien officier au régiment du Roi, infanterie, chevalier de Saint-Louis, et de Marie-Rosalie Juchault de la Moricière. Elle en a un fils et deux filles.

BRANCHE DU BOISCORBEAU.

XIII. — Arnaud-Désiré-René-Victor DE CORNULIER DU BOISCORBEAU, second fils de Charlemagne II de Cornulier et de Rose-Charlotte *de Goyon,* naquit à la Caraterie le 15 juin 1774, émigra au commencement de la Révolution à Jersey, d'où il rejoignit l'armée des princes français, et fut incorporé, en 1792, dans la compagnie noble de chevau-légers d'ordonnance commandée par M. de Clarac. Il fit partie de l'expédition de Quibéron en qualité de sergent-major dans le régiment du Dresnay. Blessé au genou par une balle et fait prisonnier, il fut conduit dans les prisons d'Auray, où la commission militaire le condamna à mort. Mais la nuit qui devait précéder son exécution, il parvint à s'échapper avec deux de ses compagnons, dont l'un, qui était le domestique de M. de Sombreuil, eut le courage de le porter sur ses épaules jusqu'à ce qu'il l'eût mis en sûreté dans une ferme, sa blessure l'empêchant tout-à-fait de marcher. Aussitôt qu'il fut rétabli, il servit sous les ordres de Georges Cadoudal, dans la division

Bonfils; puis, à la pacification, il alla rejoindre, dans la Vendée, sa mère et son jeune frère qui y étaient restés et qui le
croyaient mort. Il est inscrit, sous le nom de René de Cornulier, sur le monument de Quibéron, à la chartreuse d'Auray,
au nombre des victimes qui ont été fusillées dans le champ
des martyrs. Cette erreur provient de ce que ces noms ont été
pris sur les procès-verbaux des condamnations à mort, sans
qu'on ait pu reconnaître les rares exceptions pour lesquelles
la sentence n'avait pas été exécutée. Il fut nommé chevalier
de la Légion-d'Honneur à la Restauration, et mourut à Nantes
le 21 avril 1830.

Il avait épousé à Foucaucourt, département de la Sômme,
le 9 janvier 1799, Marie-Françoise-Gabrielle DES FRICHES-
DORIA, née à Framerville le 11 avril 1772, morte à Troyes
le 21 avril 1804, et inhumée dans le cimetière de Payens.
Elle était fille de Marie-Marguerite-François-Firmin des Friches,
chevalier, comte Doria, marquis de Payens, en Champagne,
et de Cayeu, en Picardie, seigneur de Bethencourt, d'Ollé,
de Saint-Ouen, de Cernoy, etc., ancien capitaine de cavalerie,
chevalier de Saint-Louis, et de Catherine-Julie-Alexis *de
Rougé*.

De ce mariage est issu un fils unique, qui suit.

XIV. — Arnaud-René-Victor, vicomte DE CORNULIER, né
à Paris le 20 octobre 1799, acquit en 1825 la terre de
Lucinière. Suspect au gouvernement de Juillet, il fut arrêté
et conduit en prison à Bourbon-Vendée, lors de l'apparition

dans le pays de madame la duchesse de Berry. Élu plusieurs fois membre du Conseil Général de la Loire-Inférieure et du Conseil Municipal de Nantes, il s'acquit dans ces assemblées l'estime de ses collègues par la fermeté de ses principes, et leur affection par son esprit conciliant, l'aménité et la modestie de son caractère. Soldat discipliné dans les rangs où ses convictions l'avaient placé, il abandonna ces fonctions et renonça à toute candidature aussitôt qu'il apprit l'invitation que monseigneur le comte de Chambord faisait à ses amis de s'abstenir de participer aux affaires publiques. Rentré à regret dans la vie privée, il continua à exercer autour de lui une influence salutaire en encourageant l'agriculture et en s'associant à toutes les œuvres de charité. Il est mort à Nantes le 25 mai 1862, et a été inhumé à Saint-Hilaire-de-Loulay, paroisse de sa terre du Boiscorbeau.

Il avait épousé à Angers, le 24 juin 1823, Marie-Émilie DE BLOCQUEL DE WISMES, née dans la commune de Mesnil-Martinsart, département de la Somme, le 13 mars 1804, morte à Nantes le 26 juin 1862, fille de Stanislas-Catherine-Alexis de Blocquel, baron de Wismes, en Artois, alors préfet de Maine-et-Loire, et d'Émilie-Joséphine-Jeanne *Ramires de la Ramière*.

De ce mariage sont nés trois fils et une fille, qui suivent.

1° Gaston *de Cornulier*, né le 4 avril 1824, mort le 21 février 1850.

2° Stanislas-Victor *de Cornulier*, né à Nantes le 5 octobre 1828; ordonné prêtre à Saint-Pierre de Rome, à Noël 1857; nommé camérier secret du Saint Père, et prélat romain, avec le titre de *Monsignor*, à la Trinité de 1858.

5° Jean-Louis-Arthur *de Cornulier*, qui suit.

4° Marie-Léonie *de Cornulier*, née à Nantes le 20 mars 1825,
mariée dans la même ville, le 27 janvier 1845, à Félix,
vicomte *de Villebois-Mareuil*, fils de Félix, comte de Villebois-Mareuil, et de Sophie Foucault de Vauguyon. Elle en a
trois fils.

XV. — Jean-Louis-Arthur, vicomte DE CORNULIER, né à
Nantes le 28 mai 1830, est entré comme volontaire dans les
zouaves de l'armée pontificale, et était à la prise de Ponte-
Corvo le 18 septembre 1860, jour de la bataille de Castelfi-
dardo. Il a épousé à Nantes, le 7 octobre 1861, Victoire-
Marie DE MONSORBIER, fille unique de Charles, comte de
Montsorbier, et de feue Victoire *Guillet de la Brosse,* née à
Nantes le 23 novembre 1842.

BRANCHE DE LA LANDE.

XIII. — Louis-Auguste DE CORNULIER DE LA LANDE, troisième fils de Charlemagne II de Cornulier et de Rose-Charlotte
de Goyon, naquit à Nantes le 19 septembre 1778 et fut baptisé à Paulx le 15 novembre suivant. Élevé avec beaucoup de
soin par ses parents, il fut imbu de bonne heure des senti-

ments religieux et monarchiques auxquels il dévoua sa vie. Surprise par la tempête révolutionnaire, sa famille ne tarda pas à se disperser; ses deux frères aînés étaient déjà partis pour les bords du Rhin, mais son père le retenait près de lui; encore enfant, il ne lui permit même pas de prendre part au premier soulèvement de la Vendée, en 1793. Bientôt après, il put sortir de l'inaction à laquelle il était condamné et dont il gémissait. Confié aux soins de M. de Couëtus, qui commandait en second l'armée de Charette, il débuta à quinze ans dans la carrière des armes; et, en moins de huit. mois, il se trouva à un grand nombre d'affaires. Blessé dans quatre engagements différents, d'une balle dans la poitrine et de plusieurs coups de sabre, il accompagna son général jusqu'au bout; et, le jour où Charette fut pris, il échappa seul, comme par miracle, avec M. Ménager.

Quand l'épée de ce grand homme fut brisée, le silence se fit dans les solitudes de la Vendée, et la guerre abandonna pour quelques jours ces champs bien-aimés du carnage. Une amnistie fut proclamée pour tous ceux qui rendraient leurs armes; Louis de Cornulier acheta la tranquillité du moment en apportant un mauvais fusil, et retourna près de sa mère donner aux joies de la famille les loisirs de la pacification. Il respira quelques jours de calme, heureux de cet amour filial qui, pour lui, fut toujours un culte. Cette pauvre mère avait senti toutes les angoisses dont Dieu éprouve souvent ses privilégiés; loin de tous les yeux, elle cachait depuis quatre années ses inquiétudes pour ses trois fils proscrits. Son cœur maternel, déchiré tant de fois, avait pleuré prématurément la mort de l'un d'eux, échappé par miracle au désastre de Qui-

béron; il vint un soir heurter mystérieusement à ce foyer
triste et solitaire, apparut comme une vision d'un monde
évanoui, et la pauvre femme connut encore la joie, car elle
put presser à la fois sur son sein deux têtes chéries.

En 1799, comme un cratère toujours bouillant, la Vendée
s'insurgea de nouveau. La division de Machecoul avait eu à
sa tête, dans la prise d'armes précédente, M. Dubois, alors
absent et proscrit. Pressés de se donner un chef, les paysans
proclamèrent Louis de Cornulier, qui avait combattu dans
leurs rangs; mais, par un sentiment d'abnégation bien rare,
celui-ci fit reconnaître pour commandant M. Donné, fils d'un
serrurier de Machecoul, qui avait eu le second rang sous
M. Dubois. Au reste, les événements de cette campagne
furent courts et précipités; la division de Machecoul n'eut
qu'un seul engagement, à Bois-de-Céné, après quoi une nouvelle pacification rendit le repos au pays.

Comme à la plupart des gentilshommes qui avaient pris
parti dans les mouvements de l'Ouest et s'y étaient fait remarquer, le pouvoir impérial fit offrir à Louis de Cornulier une
place dans ses armées; mais les séductions de l'Empire le
trouvèrent inaccessible : c'est que, chez lui, les convictions
politiques n'étaient pas un caprice du cœur ou de l'imagina-
tion, mais bien, comme la pensée religieuse, quelque chose
d'austère et de sacré. Son âme noble et généreuse avait adopté
sa cause comme un culte : royaliste, il croyait au Roi, comme
chrétien il croyait à Dieu.

En 1815, pendant les *Cent-Jours,* il commanda la division
de Machecoul, prit part au combat de Roche-Servière, et
fut un de ceux qui protégèrent la retraite de M. de Suzannet.

A la rentrée des Bourbons, il fut nommé colonel des gardes nationales du pays de Retz, et chargé de leur organisation. Il eut encore à remplir une tâche délicate : celle de mettre sous les yeux du Roi les états de services d'une foule de braves qui avaient droit aux récompenses. Il s'en acquitta avec sagesse et dévouement; ses compagnons d'armes furent contents du zèle qu'il mit à leur être utile; lui seul s'était oublié !

Heureux d'avoir vu triompher la cause pour laquelle il avait dévoué sa vie, retiré au milieu des siens, Louis de Cornulier fuyait, comme d'autres les recherchent, les occasions de se mettre en évidence. Satisfait de la considération dont il était entouré, il n'eût sacrifié qu'à regret sa chère obscurité. Nommé chevalier de Saint-Louis par Louis XVIII, il reçut cette distinction comme une récompense qui payait généreusement ses services; jamais depuis une seule faveur ne le visita. Inaperçu du pouvoir, ignoré de lui-même en quelque sorte, il préférait le repos de la vie privée aux agitations de la politique, et c'est ce qui lui fit refuser, en 1827, les suffrages des électeurs royalistes du collége de Saint-Philbert, qui voulaient le porter à la députation, tout en étant flatté d'une marque de confiance qu'il n'avait ni sollicitée ni désirée.

Louis de Cornulier devait rencontrer encore une Révolution qui allait s'emparer de cette existence tranquille pour la livrer de nouveau aux hasards et aux orages. Dégagé de toute ambition, spectateur paisible de la lutte des partis et des efforts des factions déchaînées depuis 1830, resté le même au milieu de toutes les convictions chancelantes, on vint un jour, de la

part d'une princesse de Bourbon insultée et proscrite, demander au vieux Vendéen s'il avait encore du sang à donner à
ses maîtres; et fidèle aux traditions de sa jeunesse, il répondit
sous la double inspiration du gentilhomme et du royaliste.
Et pourtant il ne se jetait pas en aveugle dans ces événements
gros de menaces et de dangers; mais son dévouement ne
recula pas devant l'inutilité du sacrifice. A la veille du combat, il crut que ce n'était pas à lui de consulter les augures;
il obéit donc et partit, accompagné de deux de ses fils, pour
entrer de nouveau dans cette lice, où il avait exercé sa jeunesse.

A la tête d'un détachement de la division de Machecoul, il
eut un léger engagement avec un bataillon du 56e de ligne,
près de la Caraterie; quelques hommes furent tués de part et
d'autre. Cette affaire, qu'il considérait comme un début, devait être la fin des événements; mais d'autres épreuves lui
étaient réservées. Bientôt étouffé, le mouvement de 1832
n'eut d'autre résultat que de livrer des hommes de cœur aux
proscriptions du pouvoir. La maison de Louis de Cornulier
fut livrée au pillage, ses biens séquestrés; atteint lui-même
par une sentence de mort, il dut chercher son salut dans
l'exil. Au bout de quatre ans, enfin, il vit sa vieille fidélité
traduite à la barre d'une Cour d'assises. Sur ce banc, où venait s'asseoir la défaite, il n'apporta pour toute défense que
le témoignage de sa vie entière. Interpellé sur les motifs qui
l'avaient, au déclin de sa vie, jeté dans de nouveaux troubles,
il répondit que madame la duchesse de Berry étant venue
réclamer son concours, chevalier de Saint-Louis et gentilhomme, il s'était vu doublement engagé à la servir. Les ani-

mosités politiques s'éteignaient ; ses juges, frappés de cette vie qui avait traversé tant de Révolutions et vu passer tant de bannières, toujours attachée au même serment comme au même drapeau, ne voulurent voir en lui que la fidélité vaincue et le banni du dévouement; à la loyauté de ses convictions, ils répondirent par un verdict qui le rendait à sa famille, et quittèrent leurs siéges pour serrer la main du proscrit.

Il passa encore quelques années au milieu des siens, puis remonta doucement vers Dieu, jetant un regard tranquille de l'autre côté de la tombe, car il y rencontrait une espérance. Telle fut cette vie simple et modeste, mêlée comme malgré elle aux discordes civiles, et qui se flattait, à la fin de sa carrière, de n'avoir jamais eu d'ennemis, et surtout d'avoir la certitude que personne n'avait un motif raisonnable pour l'être.

Louis *de Cornulier* mourut à Nantes le 27 février 1843. Il avait épousé à la Garnache, le 10 février 1810, Adélaïde-Bonne-Marie DE LESPINAY, née au château des Clouzeaux, en Bois-de-Céné, au mois de mars 1789, veuve en premières noces de Louis-Jacob *de Lespinay de la Roche-Boulogne,* dont elle avait un fils, qui fut officier de la marine royale, et qui est mort sans alliance en 1842. Elle était fille de Charles-Alexis de Lespinay des Clouzeaux et de Gabrielle-Félicité *de Buor de la Lande.* Elle est morte à Nantes le 21 février 1856, ayant eu de son second mariage six enfants, qui suivent.

1° Auguste-Louis-Marie *de Cornulier,* qui suit.

2° Henri-Victor-Marie *de Cornulier,* né le 5 septembre 1815, élu membre du Conseil d'Arrondissement de Nantes, par le

canton de Machecoul, le 27 août 1848 ; fit partie des volontaires de Nantes qui marchèrent au secours de Paris au mois
de juin de la même année.

3° Arnaud-Victor-Marie *de Cornulier*, né le 7 septembre 1818,
mort au château de la Lande, en Saint-Hilaire-de-Loulay,
près Montaigu, le 8 août 1823.

4° Henriette *de Cornulier*, née le 2 mars 1811, morte le 3 août
de la même année.

5° Adèle-Gabrielle-Rosalie-Marie *de Cornulier*, née le 7 novembre
1814, mariée à Nantes, le 7 janvier 1833, à Henri-Victor,
vicomte *de Lespinay des Moulinets*, son cousin germain, fils
d'Alexis-Gabriel de Lespinay et d'Armande-Victoire-Cécile-
Joséphine le Bœuf. Elle est morte sans postérité, le 9 novembre de la même année, au château des Moulinets, dans
la commune de Sainte-Cécile, en Vendée, et son mari est
entré dans les ordres sacrés.

6° Marie-Anne *de Cornulier*, née le 1er avril 1822, mariée à
Nantes, le 11 octobre 1843, à René-Félix, comte *de Romain*,
fils de Félix, comte de Romain, ancien colonel d'artillerie,
chevalier de Saint-Louis, et d'Anne-Amélie-Dominique du
Chillau. Elle en a deux fils.

XIV. — Auguste-Louis-Marie, comte DE CORNULIER DE LA
LANDE, né à Nantes le 23 septembre 1812, page du roi
Charles X, démissionnaire en 1830, a épousé à Saint-Laurent-
de-la-Salle (Vendée), le 11 août 1846, Caroline-Pauline
GRIMOUARD DE SAINT-LAURENT, fille de Henri-Jacques Gri-

-mouard, comte de Saint-Laurent, et de Coricie *du Bois de la Verronnière*. De ce mariage sont nés :

1° Louis-Henri-Marie *de Cornulier*, né à Nantes le 9 janvier
   1851.

2° Auguste-Marie *de Cornulier*, né à Nantes le 22 mai 1853.

3° Marie-Charles *de Cornulier*, né à la Lande le 19 novembre
   1856.

4° Marie-Caroline *de Cornulier*, née à la Lande le 23 juin 1847,
   morte au même lieu le 22 janvier 1860.

5° Yolande-Marie *de Cornulier*, née à la Lande le 24 juin 1848.

6° Berthe-Marie *de Cornulier*, née à la Lande le 20 juin 1849.

BRANCHE DE LUCINIÈRE.

VIII. — Jean DE CORNULIER, chevalier, seigneur de Lucinière et de Fayau, en Nort, en 1601; de Montreuil, dans
la même paroisse, en 1612; de la Motte, en Ercé-en-Lamée,
en 1640, etc.; second fils de Pierre III *de Cornulier* et de
Claude *de Comaille*, naquit à Nantes le 15 avril 1574; entra
comme page, en 1588, au service de Philippe-Emmanuel de
Lorraine, duc de Mercœur, beau-frère de Henri III, et gouverneur de Bretagne, qui le gratifia, dès 1591, d'une pension
sur les États de cette province. Les témoins entendus dans
l'enquête de 1593 disent qu'il était alors nourri près de la
personne de ce prince, et qu'il portait les armes pour la garde
et défense de la foi dans les armées de la Sainte-Union des
Catholiques. Devenu capitaine de cinquante hommes d'armes
et conseiller du Roi en ses conseils d'État et privé, il fut tout
à la fois un administrateur habile et un militaire distingué.

Nommé, le 8 juin 1601, grand-prévôt de Bretagne et commissaire du Roi aux États de la même année; il fut pourvu,
en 1602, de l'office de grand-maître enquêteur et général
réformateur des eaux, bois et forêts de France au départe-

CHÂTEAU DE LUCINIÈRE.

Lith. H.Charpentier, Nantes.

Félix Benoist del & lith.

ment de Bretagne, et de celui de grand-veneur audit pays, à la place de Victor Binet, seigneur de Montifroy, son beau-frère, devenu premier président de la Chambre des Comptes de Bretagne. Dans des lettres du 19 décembre 1611, adressées à la Chambre des Comptes, le Roi dit : « En considéra-» tion des services que le sieur de Lucinière, à présent » grand-maître, nous a faits en ladite charge, nous voulons, » vous mandons et expressément enjoignons, cette fois pour » toutes et sans attendre autres lettres de jussion que la pré-» sente, faire jouir le sieur de Lucinière des gages de 3,000 » livres pour son état de grand-maître et de ceux de 1,200 » livres pour son état de grand-veneur. » Il exerça ces charges jusqu'en 1642, époque à laquelle il s'en démit en faveur de son fils, Pierre IV; mais il remplissait simultané-ment diverses autres commissions. C'est ainsi qu'il assista encore, en 1604, en qualité de commissaire du Roi, aux États de Bretagne, et qu'il servit activement, sous les ordres du maréchal de Brissac, à la tête d'une compagnie de chevau-légers et d'un corps de carabiniers qu'il avait mis sur pied pour le service des rois Henri IV et Louis XIII, suivant leurs lettres de commission des années 1605 et 1616. Il assista ledit maréchal dans la revue des gens de guerre de la Bre-tagne faite en cette dernière année, et fut encore capitaine et gouverneur des villes et châteaux de Comper, dans la paroisse de Concoret, de Nantes, du Croisic et de Guérande, sous les ordres des ducs de Vendôme et de Montbazon, en 1616 et 1619.

Le 6 mars 1618, il fut gratifié d'une pension de 1,200 livres, « en récompense, disent les lettres, des bons et fidèles

8

» services qu'il a ci-devant faits et continue encore journelle-
» ment, tant en l'exercice de sa charge de grand-maître qu'en
» diverses autres occasions où il a été employé, et lui aider à
» supporter les dépenses extraordinaires qu'il lui a fallu faire
» en l'exercice de ladite charge. »

Il vendit la terre de Fayau, qu'il avait eue en partage avec
Lucinière; mais il doubla l'étendue de cette dernière en y
ajoutant, par divers acquêts, les territoires de Laurière et
d'Alon, en Joué. Il acquit aussi la terre de Montreuil. Il rendit
à la châtellenie de Nozay deux aveux pour son ancien domaine et seigneurie de Lucinière, en Nort : le premier, en
1610, au connétable de Montmorency; le second, en 1633,
au prince de Condé. Dans beaucoup d'actes, il est encore
nommé *de Cornillé,* et c'est seulement après lui que ce nom
fut tout-à-fait abandonné.

Jean *de Cornulier* mourut à Nantes le 28 décembre 1650.
Il avait épousé dans cette ville, le 24 septembre 1603, Marguerite LE LOU, née à Nantes le 17 août 1582, et morte dans
la même ville le 4 mai 1642. Elle était fille de feu Michel
le Lou, seigneur du Breil et de la Haye, maître des comptes
de Bretagne, ancien maire de Nantes, commandant une compagnie contre le duc de Mercœur, qui brûla son château du
Breil et le fit prisonnier, mais dont la rançon fut payée par
Henri IV, et de Bonne *de Troyes de Bois-Renault.* Marguerite
le Lou était le septième et dernier des enfants de Michel le
Lou, qui s'était marié deux fois. En premières noces, il avait
épousé Françoise de Rocas, dont il avait trois enfants : Yves
le Lou, maître des comptes et premier capitaine de la ville de
Nantes, marié avec Catherine Jallier, desquels descendent les

le Lou de Chasseloire et de la Biliais ; Marie le Lou, femme
de Maurice Boislève, conseiller au Parlement de Bretagne ;
et Jeanne le Lou, femme de Bernardin d'Espinose, aussi conseiller au Parlement de Bretagne. En secondes noces, Michel
le Lou avait épousé Bonne de Troyes, veuve en premières
noces de François Jallier, général des finances en Bretagne,
dont elle avait une fille unique, Catherine Jallier ci-dessus.
Du second lit vinrent : Michel le Lou, auteur des seigneurs de
la Motte-Glain ; Pierre le Lou, auteur des seigneurs de Beaulieu ; Gabrielle le Lou, femme de Victor Binet, premier président de la Chambre des Comptes de Bretagne ; et Marguerite
le Lou, mariée à Jean de Cornulier, dont elle eut au moins
quatorze enfants, qui suivent.

1° Claude *de Cornulier*, seigneur de Lucinière, né à Nantes le
2 novembre 1604, aumônier du Roi et son conseiller en ses
conseils d'État et privé, abbé commendataire de l'abbaye de
Blanche-Couronne après son oncle, l'évêque de Rennes, qui
s'en démit en sa faveur le 27 juin 1635 ; assista en cette
dernière qualité aux États assemblés à Nantes en 1638. C'est
lui qui introduisit la réforme de Saint-Maur dans son abbaye ;
le contrat en fut passé avec les religieux le 28 juin 1652. Il
était encore prieur de Betton, près Rennes ; du Tertre, dans
la paroisse de Lavau, en l'évêché de Nantes, et du Hézo,
près de Sarzeau, dans la presqu'île de Rhuis ; et c'est sous
le nom d'abbé du Hézo qu'on le désignait généralement depuis la réformation de son abbaye. Il fut un des commissaires
nommés par les États, en 1647, pour arrêter divers articles
avec la Chambre des Comptes ; donna partage noble à ses
puînés par acte des 19 et 20 janvier 1651, et mourut à
Nantes le 4 juillet 1681. Il fut inhumé dans l'église des Char-

treux de cette ville, où son corps fut conduit procession-
nellement.

L'abbé du Hézo fut le restaurateur de la fortune de sa
famille; son père, par suite de toutes les commissions oné-
reuses qu'il avait remplies, avait laissé des dettes considérables, telles que sa succession avait dû être acceptée sous
bénéfice d'inventaire. Grâce à sa bonne administration et à
plus de 7,000 livres de bénéfices dont il était pourvu, l'abbé
du Hézo amortit toutes les charges, acheta la terre de la
Gazoire, en Nort, et, en 1666, les terres et seigneuries du
Meix, du Vernay, de la Herpinière et de Tristan-des-Landes,
dans la paroisse des Touches; enfin, un hôtel à Nantes, en
1676. L'ancien fief de Lucinière s'étendait à l'ouest jusqu'à
la forêt de Saffré; les fiefs acquis par l'abbé du Hézo dans
les Touches, en 1666, lui étaient contigus à l'est; leur réunion formait un ensemble fort rare, une seigneurie compacte
et sans aucune enclave qui s'étendait depuis le bourg de
Trans jusqu'à la forêt de Saffré, sur une longueur de trois
lieues. Quand, en 1721, le Vernay fut détaché pour former
le partage d'un puîné, le domaine foncier lui fut seul attribué; la juridiction dépendant de cette seigneurie fut réservée
par son aîné et demeura annexée à Lucinière pour maintenir
l'intégrité de cette belle féodalité, composé de trois hautes
justices avec le Meix, et de deux autres moyennes justices.
Lors de sa mort, les acquêts de l'abbé du Hézo furent esti-
més à 182,000 livres, somme considérable pour cette époque.
Il fit aussi rebâtir une partie du château de Lucinière, où
l'on voit encore, sur la cheminée de la salle à manger, ses
armes peintes avec ses attributs d'abbé crossé et mitré.

2° Victor DE CORNULIER, écuyer, seigneur de Montreuil, né à
    Nantes le 18 février 1606, épousa dans la chapelle de Saint-
    Georges, près Nort, le 29 juillet 1631, Jacqueline DE LA
    RIVIÈRE, fille de Louis de la Rivière, seigneur de la Béran-
    gerais, dans la paroisse de Cugand, et de Marie *du Ponceau*.
    Il mourut en 1634, et sa veuve se remaria en secondes noces,

en 1656, avec Roland Morin, seigneur du Tresle et du Bois-tréhan, baron de Guer, alors conseiller au Parlement de Metz, depuis conseiller d'État, avocat-général et président en la Chambre des Comptes de Bretagne. Victor de Cornulier ne laissa qu'une fille unique :

Marie *de Cornulier*, dite *Madame de Lucinière*, née à Nantes le 5 octobre 1633, devait, après la mort de son oncle l'abbé du Hézo, se trouver là principale héritière de sa branche, et attendait, en outre, une grande fortune de sa mère, dame de la Bérangerais et héritière de la Ragotière, en Vallet; de la Roche-Gautron, en la paroisse de Saint-Rémy-en-Mauge; de la Roche, en Saint-Crespin; de la Morlière, en Anjou, etc.; mais elle renonça à ce brillant avenir. Élevée au couvent des Ursulines de Nantes, depuis que sa mère avait convolé, elle y puisa le goût de la vie religieuse. Le 7 avril 1648, elle fit appeler au parloir son aïeul et tuteur, Jean de Cornulier, et lui déclara que son intention était de se consacrer à Dieu dans cette maison et d'y passer le reste de ses jours. Une dot de 5,000 livres lui fut constituée; elle commença immédiatement son noviciat; et deux années après elle prononçait ses vœux.

Le couvent des Ursulines de Nantes était alors le rendez-vous des filles des premières familles de la province; on voit parmi les religieuses de cette époque mesdemoiselles d'Anthenaise, de Montmorency, de Rieux, de la Roche-Saint-André, de Bruc, de Santo-Domingue, de Bastelard, de la Boissière, de Fourché, de Bédée, de Renouard, du Chaffault, de Goulaine, etc. Madame de Lucinière y avait déjà sa tante, Catherine de Cornulier, religieuse depuis longtemps; c'étaient là des motifs suffisants pour la déterminer dans le choix de cette maison; elle comptait bien d'ailleurs que la paix du cloître la dédommagerait de la position qu'elle abandonnait dans le monde et du sacrifice qu'elle faisait à l'agrandissement de l'aîné de sa branche. Sous ce dernier rapport, ses prévisions ne furent pas complétement réalisées. La division se mit dans le monastère en 1656 ; une minorité, appuyée d'influences extérieures, fit élire pour supérieure la dame de la Barre, de Chinon, appartenant à la famille d'un des juges d'Urbain Grandier ; la majorité se pourvut en justice contre cette élection irrégulière, mais, en attendant la décision du pourvoi, la dame de la Barre usait de tout son pouvoir pour maltraiter les opposantes : il en résulta un désordre complet dans la maison. On prêtait aux religieuses qui réclamaient les propos les plus violents ; que leurs vœux n'étaient que conditionnels ; qu'elles souhaitaient que leur couvent fût de paille pour y mettre le feu et en sortir ; qu'elles ne voulaient plus reconnaître aucune autorité et n'aspiraient qu'à sauter par dessus les murailles, à rompre la clôture et même à dissoudre le monastère pour partager entre elles le bien de la maison. Ces religieuses, au nombre desquelles étaient Catherine et Marie de Cornulier, adressèrent à l'évêque une supplique pour protester contre ces calomnies et de leur inviolable attachement aux statuts de leur ordre, mais pour lui demander en même temps à être gouvernées par une supérieure élue librement et canoniquement, conformément aux constitutions apostoliques.

Marie de Cornulier vivait encore dans cette maison en 1690.

3° Yves de Cornulier, né à Nantes le 3 juillet 1607, mort jeune.

4° Pierre IV de Cornulier, qui suit.

5° et 6° Bernardin et autre Yves de Cornulier, jumeaux, nés à Nantes le 25 septembre 1613, et morts en bas âge.

7° Philippe-Emmanuel de Cornulier, auteur de la BRANCHE DES SEIGNEURS DE MONTREUIL, qui est la dernière de toutes, et qui est rapportée à la fin.

8° Judith de Cornulier, née à Nantes le 17 décembre 1610, mariée dans la même ville, le 5 décembre 1628, à Pierre de

Kermeno, chevalier, seigneur de Keralio, en la paroisse de Noyal-Muzillac, fils aîné, héritier principal et noble, de Prégent de Kermeno, seigneur de Botpillio, Liniac, Bodeuc, Lauvergnac, les Houmeaux, Quilfistre, la Haultière, la Bigotière, etc., gouverneur des villes de Guérande et du Croisic, et de Jeanne Charette. Elle mourut sans postérité vers 1645.

9° Isabelle *de Cornulier,* née à Nantes le 1er mai 1612, entrée en religion chez les Ursulines de la même ville.

10° Catherine *de Cornulier,* aussi religieuse de Sainte-Ursule, à Nantes, était supérieure dudit monastère de 1649 à 1652, et prieure en 1690.

11° Françoise *de Cornulier,* née à Nantes le 25 mai 1616.

12° Prudence *de Cornulier,* sœur jumelle de Françoise.

13° Marie *de Cornulier,* née à Nantes le 22 mai 1619, entrée en religion, en 1636, au couvent des Bénédictines de Vitré, où elle vivait encore en 1665. Elle avait dû succéder à sa tante, Philippe de Cornulier, au prieuré de Saint-Malo, de Teillay-aux-Nonnains, et jouissait, par compensation, d'une pension de 400 livres sur ce prieuré depuis qu'il avait été réformé.

14° Autre Isabelle *de Cornulier,* mariée en premières noces à Rennes, le 28 juin 1643, à René *des Vaulx,* de la maison de Lévaré, chevalier, seigneur de Beauchesne, Marigny, etc., mort le 22 janvier 1655; et en secondes noces, en 1657, à écuyer René *le Lardeux,* seigneur de la Gastière, en la paroisse de Lalleu. Par acte du 13 octobre 1644, son père lui donna en partage la terre de la Motte, dans la paroisse d'Ercé-en-Lamée, où elle se fixa avec son mari, et qui depuis a retenu le nom de la Motte-des-Vaulx; mais la valeur de cette terre excédant sa légitime de cadette, elle dut, pour la conserver à la mort de son père, en 1650, donner un

retour à son frère aîné. Isabelle de Cornulier mourut au
château de la Motte le 19 septembre 1672, et fut inhumée
dans l'église d'Ercé. Elle n'avait pas eu d'enfants du second
lit, mais elle en laissa cinq du premier, entre autres Jean-
Baptiste des Vaulx, qui épousa en 1682 Françoise le Meneust, et dont le fils unique se maria en 1706 avec Pélagie
de Cornulier, sa cousine, comme on le dira plus loin.

IX. — Pierre DE CORNULIER, IVe du nom, chevalier, seigneur de Lorière, du Pesle, du Branday, de la Grande-Haye
et de la Moricière, dans les paroisses de Brains, Saint-Léger
et Port-Saint-Père, né à Nantes le 5 octobre 1609, conseiller
du Roi en ses conseils d'État et privé, capitaine d'une compagnie d'infanterie levée par lui suivant commission du 16
novembre 1635; fut pourvu, le 3 janvier 1642, des offices
de grand-maître et de grand-veneur, enquêteur et général
réformateur des eaux, bois et forêts de France au département de Bretagne, charges que son père lui avait résignées
et qu'il exerça jusqu'en 1656. Puis il fut commissaire du
Roi aux États de Bretagne des années 1657, 1659, 1661
et 1665. Il mourut à Nantes le 19 décembre 1668, et fut
inhumé dans l'enfeu des Cornulier, en l'église de Sainte-
Radégonde.

Comme puîné, Pierre de Cornulier n'eut en partage aucune
des terres de sa famille; ses charges de grand-maître et de
grand-veneur de Bretagne lui tinrent lieu de légitime, et, à la
mort de son père, leur valeur se trouvant excéder la part de
juveigneur qui lui revenait dans sa succession, il dut même

rapporter une certaine somme à l'abbé du Hézo, son frère aîné.

Son beau-père lui avait transporté, en 1647, à valoir à la dot de sa femme, un vaste terrain vague nommé *Papolin* et situé en la paroisse de Brains, qu'il avait lui-même afféagé du Roi en 1640. Pierre de Cornulier s'appliqua à en former une terre, qu'il nomma *Lorière;* il y bâtit un manoir et y ajouta par acquêt, en 1655, les anciennes terres et seigneuries du Pesle et dépendances qui lui étaient contiguës. Par suite de l'intérêt qu'inspire toujours ce qu'on a créé, il préféra le nom de Lorière aux autres, quoique le Pesle fût une haute justice et eût un domaine fort étendu, tandis que Lorière n'avait point de juridiction. C'est donc sous cette dénomination qu'il fut généralement connu, et elle s'établit si bien, qu'elle prévalut encore dans sa postérité durant deux générations après lui; en sorte que le nom de Lucinière, qui, souvent tout seul, avait servi à désigner le chef de la branche, ne fut réellement repris que par son arrière-petit-fils, bien que cette terre fût tout à la fois plus importante, plus décorée et plus ancienne dans la famille.

On lit dans un Mémoire imprimé du temps, que « Pierre » de Cornulier fut grand-maître des eaux et forêts de Bretagne » pendant quatorze ans, et qu'il s'acquitta avec honneur et » intégrité de sa charge. Que ses procès-verbaux marquent le » grand soin qu'il a apporté à la conservation des forêts, et » qu'en bon officier de Sa Majesté, il n'a pas craint de cho- » quer les personnes les plus qualifiées en s'opposant vigou- » reusement à leurs usurpations. Que ses visites extraordi- » naires, partout où il apprenait que le mal était le plus

» grand, lui ont occasionné d'excessives dépenses, et particu-
» lièrement son procès-verbal de 1643, qui est l'unique pièce
» qui fixe l'état des forêts. Enfin, que les déréglements et la
» ruine des forêts n'ont commencé que depuis qu'il est hors
» de sa charge. »

Pierre IV *de Cornulier* avait épousé à Nantes, le 22 janvier 1645, Françoise–Josèphe DU PLESSIER, fille aînée de
René–Louis du Plessier, chevalier, seigneur de Genonville, de
la Blanchardais, en la paroisse de Vue; du Pont–en–Vertais,
à Nantes, etc.; gentilhomme ordinaire de la chambre du Roi
et premier gentilhomme du duc de Vendôme, capitaine et
gouverneur des ville et château d'Ancenis, maître des eaux et
forêts de ladite baronnie, et de Marie *Blanchard,* fille de Jean
Blanchard, seigneur de Lessongère, baron du Bois et Plessis-
de-la-Muce, en Chantenay, maire de Nantes en 1611, super-
intendant du duc de Vendôme, conseiller d'État et premier
président de la Chambre des Comptes de Bretagne en 1634.

Françoise-Josèphe *du Plessier* appartenait à une ancienne
maison de Picardie qui avait de très-brillantes alliances, et
qui, au commencement du XVᵉ siècle, avait changé son nom
de *Foucanine* en celui du Plessier, qui est une terre située
près de Noyon. Elle-même avait été élevée dans l'hôtel de
Vendôme, à Paris, près de la Duchesse, qui était sa marraine ;
elle était liée avec tout ce qu'il y avait de plus considérable à
la cour, et Madeleine d'Orléans, fille de Gaston, frère de
Louis XIII; et mariée depuis au duc de Guise, entretenait
avec elle une correspondance suivie et lui écrivait comme à
une amie intime. Ses lettres, conservées à Lorière, y ont été
brûlées avec la maison en 1793. En raison de son origine et

de ses relations, madame de Lorière passait pour être très-fière de sa naissance et un peu hautaine.

Elle était née au château d'Ancenis en 1625, et n'avait été nommée que trois ans et demi après, le 25 mars 1629, dans la chapelle de l'hôtel de Vendôme, sur la paroisse de Saint-Roch, à Paris, par Françoise de Lorraine, duchesse de Vendôme, et par M. de Lessongère-Blanchard. L'évêque de Lisieux, Philippe Cospéan, qui fit la cérémonie, omit, dans l'acte de baptême, de rappeler la date de sa naissance, ce qui, dans la suite et après qu'elle fut morte, donna occasion à sa sœur cadette, Élisabeth du Plessier, née le 14 septembre 1626, et mariée à Charles Hubert, seigneur de la Vesquerie, de prétendre qu'elle était l'aînée. Jean-Baptiste de Cornulier dut à ce sujet suivre une longue procédure contre sa tante et faire faire une enquête sur le droit d'aînesse contesté à sa mère. Interrogée judiciairement, à l'article de la mort, par une commission du présidial de Nantes, la dame de la Vesquerie ne voulut jamais répondre catégoriquement; disant qu'elle avait bien été élevée comme cadette dans la maison paternelle, mais qu'au surplus elle s'en rapportait aux extraits de baptême. En outre des dépositions de divers témoins, Jean-Baptiste de Cornulier produisit un livre-journal de M. de Genonville, où il avait inscrit jour par jour, depuis son mariage jusqu'à sa mort, tous les événements qui l'intéressaient, et un autre dial semblable tenu par M. de Lessongère, beau-père de M. de Genonville, lesquels établirent définitivement l'aînesse de madame de Lorière.

René-Louis du Plessier, plus connu sous le nom de marquis de Genonville, se fixa tout-à-fait dans le comté nantais, où il avait un frère prieur de Saint-Herblon d'Indre, non-seulement par son mariage; mais encore par des acquisitions considérables qu'il y fit. En 1636, il acheta du marquis de Châteaurenault la belle terre de la Blanchardais, et devint propriétaire de l'île d'Indret, en Loire, qu'il échangea avec le Roi, en 1642, contre le fief du Pont-en-Vertais et la prairie de Biesse, à Nantes. C'était un esprit entreprenant, un grand spéculateur; il s'était mis à la tête du projet de dessèchement du lac de Grand-Lieu. Il mourut en 1665, laissant deux fils et trois filles. Le marquis de Genonville avait une grande préférence pour la dernière de celles-ci, Marie-Anne du Plessier, mariée depuis à Sylvestre du Quengo, seigneur de Pontgamp, Crenolle, Penhoët, etc., et il lui fit don, en 1664, de tous les biens qui lui avaient été légués au bailliage de Clermont-en-Beauvaisis par Samuel Bochart, seigneur de Cauroy, son oncle, tandis qu'il avait déjà marié ses deux autres filles, mesdames de Lorière et de la Vesquerie, avec des dots fixes, les excluant de tout autre partage dans sa succession. Après sa mort, son fils aîné, Jean-Baptiste du Plessier, entré dans la congrégation de Saint-Lazare, où il mourut en 1668, répara de lui-même et sur sa propre fortune cette inégalité en donnant une augmentation de dot à ses deux sœurs aînées. L'héritier principal de cette famille fut définitivement Louis du Plessier, né en 1651, et marié avec Anne Rogier de Crévy, dont il ne laissa qu'une fille unique, mariée à M. le Febvre de la Falluère, président à mortier au Parlement de Bretagne.

Par acte du 5 février 1679, Françoise-Josèphe du Plessier se démit de tous ses biens en faveur de son fils aîné, devenu majeur. Elle mourut à Lorière le 22 avril 1680, et fut en-

terrée sous le banc seigneurial de la famille de Cornulier, du
côté de l'Évangile, dans le chœur de l'église paroissiale de
Brains, dont elle était devenue fondatrice et prééminencière
en la rebâtissant, privilége dans lequel ses descendants furent
maintenus par un arrêt du Parlement de Bretagne du 21 avril
1752. Son mari et elle avaient aussi fondé, en 1656, une
chapelle avec un bénéfice à leur manoir de Lorière. Ils eurent
sept enfants qui suivent.

1° Jean-Baptiste *de Cornulier,* qui suit.

2° Autre Jean-Baptiste DE CORNULIER, chevalier, seigneur du
Pesle, du Branday, de la Grande-Haye, de la Moricière, et
des châtellenies de Jasson et Malnoë, en 1686; naquit à
Nantes le 15 février 1655 et fut d'abord destiné à l'état ecclésiastique. Connu sous le nom d'*Abbé de Cornulier,* il était,
en 1677, pourvu du prieuré du Tertre, dans la paroisse de
Lavau, par la résignation que lui en avait faite son frère
aîné, destiné aussi à la prêtrise dans sa première jeunesse
et qu'on nommait alors l'*Abbé de Lorière.* Jean-Baptiste de
Cornulier, le jeune, fut reçu chevalier de Saint-Lazare et du
Mont-Carmel en 1681. Il habitait ordinairement sa maison
seigneuriale du Pesle, où il fut attaqué, en 1685, par une
troupe de plus de cent paysans, ses vassaux, armés de
fourches, de faux et autres instruments aratoires, et qui
voulaient le tuer, parce qu'il avait fait renfermer certains
marais auxquels ils prétendaient avoir droit. M. du Pesle
repoussa cette agression furieuse à la tête de ses domes-
tiques armés de fusils, puis présenta au présidial de Nantes
une requête pour en obtenir satisfaction. Il y expose que
ces excès ont fait injure à l'un des gentilshommes les plus
qualifiés de la province, et qu'il s'agit de venger l'outrage
fait par des vassaux à leur seigneur, le trouble qu'ils lui ont
apporté dans la possession de son domaine seigneurial, ce

qui constitue la félonie et entraîne la perte de ce qu'ils tiennent de lui, selon la règle des fiefs.

Il fut pourvu, par lettres du 15 novembre 1692, de l'office de président en la Chambre des Comptes de Bretagne, et reçu et installé dans ladite charge le 29 du même mois. L'enquête faite pour sa réception porte : « qu'il est homme » d'honneur et de qualité, des gens les plus considérables, » duquel toute la noblesse fait grande estime; qu'il a beau-» coup de mérite, possède de belles sciences et est fort sa-» vant, de bonnes vie et mœurs, bon catholique, etc. » Il fut admis avec des lettres qui le dispensaient de tous ser-vices antérieurs; mais la Chambre adressa, à ce sujet, des remontrances au Roi, pour le prier de ne plus accorder à l'avenir de pareilles dispenses, comme étant contraires à ses ordonnances.

Le président du Pesle fut encore nommé conseiller du Roi en ses conseils d'État et privé. Il mourut à Rennes le 6 sep-tembre 1708, et fut enterré dans l'église des Pères Minimes de cette ville, dont MM. de Cornulier sont fondateurs. Ce fut un grand dissipateur; la valeur de ses terres ne suffisait pas à couvrir les dettes qu'il laissa à sa mort, et sa seconde femme disputa longtemps aux héritiers de la première le prix de sa charge de président en la Chambre des Comptes pour la reprise de leurs deniers dotaux.

Comme on vient de le dire, le président du Pesle s'était marié deux fois. Il épousa en premières noces à Nantes, le 16 mai 1685, Louise RAGUIDEAU, née le 25 juin 1652, morte au château du Pesle et inhumée dans le chœur de l'église de Brains le 26 novembre 1689. Elle était fille de François Raguideau, chevalier, seigneur du Rocher, en la paroisse de Monnières, et du Plessis-Grimaud, en Puceul, président en la Chambre des Comptes de Bretagne, et de Philiberte *Morel*, fille de Julien Morel, écuyer, seigneur de Grémil, en Saffré, et du Vauguillaume, en Puceul. Il épousa en secondes noces à Nantes, le 19 août 1692, Louise TRO-

TEREAU, dame du Palierne, de la Clérissais, du Boisvert, du Vaubenoît, de la Trahanière, etc., dans la paroisse de Moisdon, fille unique de Louis Trotereau, écuyer, seigneur des mêmes terres, et de Jeanne *Chrestien*. Louise Trotereau, très-riche héritière, avait épousé en premières noces, en 1670, Jean Morin, seigneur de la Roche-Gautron, en Anjou, fils puîné de Roland Morin, seigneur du Tresle, et de Jacqueline de la Rivière, qui avait été mariée en premières noces, comme on l'a dit plus haut, à Victor *de Cornulier*, seigneur de Montreuil. De son premier lit, Louise Trotereau avait deux filles : la cadette mourut sans postérité, et l'aînée, Marie-Anne Morin, mariée à Achille Barrin, seigneur de la Galissonnière et du Pallet, resta seule héritière en 1701. Outre sa fortune personnelle, Louise Trotereau jouissait encore, comme usufruitière, des terres et seigneuries de la Roche-Gautron et de la Roche-Saint-Crespin, en Anjou. Le président du Pesle n'eut pas d'enfants de cette seconde femme; mais il avait eu de son premier mariage deux filles, qui suivent.

> A. Françoise *de Cornulier*, née à Nantes le 15 mars 1684, morte jeune.
>
> B. Angélique-Thérèse *de Cornulier*, dite *Mademoiselle de Jasson et du Pesle*, née à Nantes le 18 mai 1685, morte dans la même ville avant son père, le 16 mars 1708, et inhumée à Sainte-Radégonde. Sans alliance.

3º Charles *de Cornulier*, né à Nantes le 19 avril 1656, officier de cavalerie, mort au service vers l'âge de vingt ans.

4º Jeanne-Marie *de Cornulier*, née à Nantes le 24 avril 1648, sœur jumelle de Jean-Baptiste de Cornulier, l'aîné, entra en religion, en 1663, chez les Carmélites de Nantes.

5º Louise-Charlotte *de Cornulier*, née à Nantes le 5 juillet 1649, entra aussi en religion, en 1667, chez les Carmélites de Nantes.

6° Françoise-Élisabeth *de Cornulier,* dame de Lorière, née à
Nantes le 30 novembre 1650, mourut à Lorière, sans alliance,
le 2 octobre 1727, et fut enterrée dans le chœur de l'église
paroissiale de Brains, sous le banc seigneurial de la famille
de Cornulier. Elle vivait retirée à Lorière, ne s'occupant que
de bonnes œuvres, et longtemps sa mémoire est restée en
bénédiction dans tout le pays, où on la considérait comme
une sainte. Elle ne quitta sa retraite qu'une seule fois, ce fut
pour aller voir à Paris, quand elle entra définitivement aux
Carmélites, madame de la Vallière, sa parente, et qui avait
été son amie. Elle lui dit qu'elle l'avait méconnue pendant
tout le temps que, par ses faiblesses criminelles, elle avait
été placée au faîte des grandeurs, mais que, depuis qu'elle
était devenue pénitente, elle s'enorgueillissait de lui appartenir, et qu'elle arrivait du fond de la Bretagne pour se
réjouir avec elle de l'heureux changement qui s'était opéré.

7° Françoise *de Cornulier,* née à Nantes le 22 juillet 1652, morte
avant 1669.

X. — Jean-Baptiste DE CORNULIER, chevalier, seigneur de
Lorière, de Lucinière, du Meix, du Vernay, de la Herpinière,
de Tristan-des-Landes, du Pesle, du Branday, de la Grande-
Haye, de la Moricière, etc., baron de la Roche-en-Nort, en
1686, naquit à Nantes le 24 avril 1648, et fut d'abord destiné à l'état ecclésiastique. Dès 1657, il était clerc tonsuré et
pourvu du bénéfice de la chapelle de Lorière; plus tard, son
oncle, l'abbé du Hézo, sous la curatelle duquel il resta à la
mort de son père, lui abandonna le prieuré du Tertre, qu'il
résigna lui-même, en 1676, à son frère cadet, qui fut depuis

le président du Pesle. Il reçut une éducation très-soignée et alla, en 1669, terminer ses études à Paris, à l'Académie royale. Reçu conseiller au Parlement de Bretagne le 19 octobre 1676, il mourut dans l'exercice de sa charge le 12 décembre 1720, à Rennes, et fut inhumé dans l'église de Saint-Germain de cette ville.

Jean-Baptiste de Cornulier fut d'abord connu sous le nom de *Monsieur de Lorière,* comme l'avait été son père, puis sous celui de baron de la Roche-en-Nort, à partir de 1686; mais il reprit la dénomination de sa jeunesse à la majorité de son fils aîné, héritier de la Roche-en-Nort du chef de sa mère, parce que cette baronnie avait été acquise de ses deniers. En 1681, à la mort de son oncle, l'abbé du Hézo, qui était l'aîné de sa branche, il hérita des terres et seigneuries de Lucinière, de la Gazoire, du Meix, du Vernay, de la Herpinière et de Tristan des Landes. Il donna alors la Gazoire en partage à ses cousins puînés, de la branche de Montreuil; Lorière à sa sœur Françoise-Elisabeth, qui dut lui faire une rente en retour de l'excédant de ce partage; et abandonna pareillement, à la charge d'une rente, à son frère cadet, le président du Pesle, la terre et seigneurie du Pesle avec ses dépendances du Branday, de la Grande-Haye et de la Moricière. Celui-ci étant venu à mourir sans postérité, en 1708, il accepta sa succession sous bénéfice d'inventaire; remit à M. de la Blottière les châtellenies de Jasson et Malnoë, en Brains et Cheix, que le président du Pesle lui avait achetées en 1686, mais qu'il n'avait pas encore payées; et il lui vendit en même temps la terre du Pesle et ses dépendances à la condition qu'il acquitterait la totalité des dettes de son frère.

9

Le baron de la Roche-en-Nort rebâtit une partie du château de Lucinière, notamment la façade du Levant, où l'on voit encore ses armes accolées à celles de sa première femme. C'est lui qui fit tracer, par le célèbre Le Nôtre, les belles avenues qui percent cette terre dans toutes les directions. Il avait une existence fort considérable; un grand état de maison à Lucinière, dont le mobilier fut estimé 40,000 livres à sa mort, somme qui représente une valeur triple de nos jours; un hôtel à Rennes, pour le temps de son semestre au Parlement; et, à Nantes, un autre hôtel qu'il avait acheté en 1689. Sa charge de conseiller lui avait coûté 130,000 livres, et c'était un capital à peu près mort, car les émoluments en étaient insignifiants.

A cette mauvaise direction donnée à ses affaires, il faut ajouter une longue suite de procès ruineux qu'il eut à soutenir, tant de son côté que de celui de sa première femme. Maître de toute la fortune de celle-ci, pour ainsi dire au lendemain de son mariage, par suite de la mort de son beau-père survenue dans l'année même, il débuta par dissiper des sommes considérables dévorées en repas somptueux donnés à Vannes, où le Parlement tenait alors ses séances. C'est ainsi qu'avec de grands biens il n'en fut pas moins toujours fort mal aisé. Constamment à court d'argent, il ne rendit jamais à ses enfants aucun compte de la succession de leur mère; il obligeait son fils aîné à vivre sur des emprunts, jouissait par lui-même du bénéfice dont son fils cadet était pourvu, et ne payait que fort irrégulièrement les dots de ses filles religieuses et même de celles qui étaient mariées; aussi ces dernières ne se faisaient-elles aucun scrupule de mettre, à toutes leurs visites, sa maison au pillage, emportant chacune quelque pièce d'argenterie ou autre chose à leur convenance.

Le baron de la Roche-en-Nort fut marié deux fois ; il épousa en premières noces à Hennebont, le 13 février 1679, Françoise DONDEL, qui mourut à Lucinière le 30 mai 1704 et fut inhumée dans le chœur de l'église paroissiale de Nort. Elle était fille d'écuyer Thomas Dondel, seigneur de Brangolo, receveur-général des devoirs, impôts et billots des évêchés de Vannes et de Cornouaille, et de feue Marie *Touzé*. Il épousa en secondes noces, à Nantes, le 19 février 1705, Jeanne LIBAULT, dame de la Templerie et de Belabord, dans la paroisse de Château-Thébaud, du Bois-Robin, en Grandchamp, du Bois-Elou, en Héric, etc., qui mourut à Lucinière, le 8 janvier 1722, âgée de quatre-vingt-quatre ans. Elle était fille unique de Gratien Libault, écuyer, seigneur du Perray, et de Jeanne *Moreau*. Jeanne Libault avait épousé en premières noces Denis *Marion*, écuyer, seigneur des Noyers, dont elle n'avait pas d'enfants ; elle n'en eut pas non plus de son second mariage contracté à soixante-sept ans.

Quant à Françoise *Dondel*, elle appartenait à une famille d'ancienne extraction noble, originaire du Maine, où la branche aînée des seigneurs de Montigné s'est fondue dans la maison du Hardaz vers 1620. Une branche cadette, mal partagée du côté des biens, vint se fixer dans l'évêché de Vannes à la fin du XVIe siècle, et plusieurs de ses membres s'y livrèrent au commerce. Thomas Dondel, l'un d'eux, s'était associé, en 1659, avec François de la Pierre, son beau-frère, seigneur des Salles, (auteur des barons de la Forest et des marquis de Fremeur, qui ont donné plusieurs grands maîtres des eaux et forêts de

Bretagne et des officiers généraux à l'armée), pour l'exploitation des fermes et devoirs de Bretagne, où ils étaient intéressés
chacun pour un quart; ils faisaient en outre la banque dans
les principales villes du royaume, et négociaient même au de-
hors, en Hollande, en Angleterre et en Espagne. Ils amassèrent
une grande fortune dans ces opérations.

Ce Thomas Dondel laissa quatre fils et une fille. Pierre,
l'aîné, mousquetaire dans la garde à cheval du Roi, se distingua particulièrement dans l'expédition qui fut envoyée dans
l'île de Candie, en 1669, sous les ordres du duc de Navailles;
puis il fut pourvu, en 1672, de l'office de sénéchal de Vannes.
Le second, Marc, après avoir servi pendant plusieurs années
en qualité de lieutenant aux gardes-françaises, devint général
des finances en Bretagne. Jean, le troisième, fut aumônier de
S. A. R. belle-sœur de Louis XIV; et le quatrième, Charles,
fut sénéchal de Quimper.

Leur sœur, Françoise Dondel, mariée au baron de la
Roche-en-Nort, n'aurait pu prétendre, suivant la coutume de
Bretagne, qu'à un douzième des successions paternelle et maternelle, si leur partage avait dû se régler noblement; mais il
fut décidé, en 1679, que, pour cette fois, il devait se faire
par portions égales, cette fortune ayant été acquise dans le
commerce et par usage de bourse commune, auquel cas le
gouvernement noble était suspendu dans la famille et dormait
comme la noblesse elle-même. Ainsi, bien qu'ils eussent repris
la vie noble longtemps avant la mort de leur père, les enfants
de Thomas Dondel n'en recouvrèrent pas immédiatement
toutes les prérogatives; leurs descendants durent même
attendre jusqu'en 1746 pour être admis aux États dans

l'ordre de la noblesse, admission pour laquelle il fallait justifier de trois partages nobles consécutifs.

Les filles dans la position de Françoise Dondel étaient des partis fort recherchés en Bretagne, où elles apportaient à leur mari la fortune sans qu'il eût aucun sacrifice essentiel à faire du côté de la naissance. Hors de ce cas exceptionnel, il était difficile, en effet, de trouver les deux avantages réunis, car, dans les familles où le gouvernement noble était continu, les filles ne passaient qu'après tous les garçons, et il fallait qu'il n'existât aucun mâle pour que l'aînée d'entre elles devînt héritière principale.

Françoise Dondel obtint en partage une somme de 85,000 livres en argent, avec des maisons au Port-Louis et à Lorient, et des biens fonds importants aux environs de Josselin, d'Hennebont et de Malestroit; à la mort de son mari, tout cela avait disparu; et il avait en outre aliéné pour plus de 100,000 livres des propres de sa seconde femme.

Le baron de la Roche-en-Nort eut de Françoise Dondel neuf enfants, qui suivent.

1° Claude-Jean-Baptiste *de Cornulier*, qui suit.

2° Pierre-Eustache DE CORNULIER, chevalier, seigneur du Vernay, du Plessis, en Pont-Saint-Martin; du Treget, en la Chevrollière, etc.; pensionnaire des États de Bretagne, docteur en théologie de la Faculté de Paris; fut d'abord destiné à l'état ecclésiastique. Il était connu sous le nom d'*Abbé de Lorière*, et pourvu déjà depuis longtemps d'un bénéfice, lorsqu'il quitta cette vocation et épousa au Pont-Saint-Martin, le 26 juin 1724, Jacquette-Marguerite BROSSARD DU VIGNEAU, fille unique de feu Jacques Brossard, écuyer, seigneur du

Vigneau et du Plessis, et de Marie-Anne *Gouin du Fief.*
Pierre de Cornulier avait demandé en mariage la mère, dont
l'âge était beaucoup plus en rapport avec le sien ; mais
celle-ci, ne voulant pas faire tort à sa fille, lui proposa de
l'épouser, quoiqu'elle n'eût encore que douze ans. Les choses
s'arrangèrent ainsi, et à treize ans et demi elle donna le jour
à son fils aîné. Marguerite-Jacquette Brossard mourut à
Nantes le 15 janvier 1778, et fut inhumée dans le caveau de
Sainte-Radégonde. Elle était veuve depuis 1739, et avait eu
de son mariage les enfants qui suivent, tous nés au château
du Plessis, en Pont-Saint-Martin.

A. Pierre-Jean-Baptiste-Henri *de Cornulier,* chevalier,
seigneur du Vernay, du Plessis, du Treget, etc., né le
13 octobre 1725, épousa à Angers, le 11 octobre 1763,
Marie-Louise *Collas de l'Épronnière,* fille de Charles-
François Collas, chevalier, seigneur de l'Épronnière,
dans la paroisse de Rochefort-sur-Loire, en Anjou, de
la même famille que les Collas de la Baronnais, en Bretagne, et de Louise Claude Hernault de Montiron. Il
n'eut pas d'enfants de ce mariage, assista aux États
assemblés à Nantes le 1er octobre 1764, et mourût dé-
tenu à l'hôpital révolutionnaire de cette ville le 14 décembre 1794.

B. Claude-Étienne-Pélage, chevalier *de Cornulier du Vernay,*
né le 26 janvier 1729, assista aussi aux États assemblés
à Nantes le 1er octobre 1764. C'était un homme rempli
d'esprit et plein de connaissances ; il faisait des vers
charmants, mais sa verve était satirique et mordante. Il
était presque aveugle et l'avait même été tout-à-fait
dans sa jeunesse. Cet accident, que les médecins avaient
attribué à l'influence de la lune, parce qu'étant au collége à Paris, il couchait sans rideaux auprès d'une
fenêtre, l'obligeait à avoir un lecteur à gages. La petite
vérole, au surplus, avait fait d'horribles ravages dans
toute cette famille.

Le chevalier de Cornulier du Vernay fut reçu, en 1759,

sous le nom de *Comte de Cornulier,* en qualité d'associé
étranger, membre des Académies royales d'Angers et de
Nancy. Le journaliste Fréron a donné une analyse du
discours qu'il prononça lors de sa réception à Angers
dans l'*Année Littéraire* 1758, t. IV, p. 353, et deux de
ses pièces fugitives dans ses *Lettres sur quelques écrits
de ce temps,* t. V, p. 143, et t. X, p. 22.

Il était lié d'amitié avec le célèbre littérateur Titon du
Tillet, et plus encore avec son compatriote le poète
Desforges-Maillard. C'est ce dernier qui lui procura son
admission à l'Académie de Nancy ; il écrivait du Croisic
à cette Compagnie : « M. le comte de Cornulier du
» Vernay fait de très-jolis vers et d'excellente prose ; il
» possède le latin, le grec, l'anglais et l'italien, et c'est,
» selon moi, un des hommes de cette province qui aient
» le plus d'esprit et de goût. C'est mon ami intime, un
» homme parfait, d'une générosité sans bornes. Il a
» composé un traité très-curieux sur le genre de littéra-
» ture qu'on nomme *Nouvelles.* » De son côté, le comte
de Tressan, président de l'Académie de Nancy, répon-
dant au discours que le nouvel associé avait adressé à sa
Compagnie, disait que « le comte de Cornulier était un
» des hommes de l'Europe les plus profonds dans les
» belles-lettres anciennes et modernes. »

Le chevalier de Cornulier du Vernay ne s'était pas
marié ; il mourut, le 15 avril 1796, à Blois, où il avait
été déporté pendant la persécution révolutionnaire.

C. Philippe-Toussaint *de Cornulier,* né le 23 juillet 1735,
   mort au Plessis le 13 septembre 1736.

D. Françoise-Élisabeth *de Cornulier,* née le 12 septembre
   1727, morte sans alliance, au mois d'août 1794, à Blois,
   où elle avait été déportée avec son frère le chevalier.

E. Marie *de Cornulier,* née le 30 avril 1731, morte jeune.

F. Marguerite-Rosalie *de Cornulier,* née le 18 septembre
   1732, aussi morte en bas âge.

Les deux frères et la sœur survivants demeuraient

ensemble à Nantes; l'aîné n'ayant point d'enfants, sa
femme avait adopté une nièce, mademoiselle Céleste-
Renée-Rose Collas de la Baronnais, devenue depuis
madame de Gouyon de Saint-Loyal. Leur maison était
citée pour la bonne chère et pour le choix de la compagnie qui s'y réunissait. Dans le but de se faire une existence plus large, ils avaient vendu à viager leurs biens
maternels. Ces dispositions, qui semblaient si bien prises
pour s'assurer une vie agréable, furent cruellement dé-
rangées par la Révolution.

3° Françoise-Josèphe *de Cornulier*, née le 23 novembre 1679,
nommée à Brains le 5 octobre 1680, morte à Nantes le 16
septembre 1681.

4° Marie-Prudence *de Cornulier*, née à Nantes le 16 mars 1683,
mariée dans la chapelle de Lucinière, le 1er juin 1701, à
Claude-François *Louail*, chevalier, seigneur de la Saudrais,
dans la paroisse de Saint-Grégoire, près Rennes; de Sene-
grand, etc.; fils de défunts Jean Louail et de Claudine de
Revault. Il mourut à la Saudrais le 28 novembre 1726,
laissant de sa femme, qui lui survécut assez longtemps, trois
enfants : un fils, qui n'a pas laissé de postérité; une fille
religieuse, et une autre fille mariée à M. du Baudiez. Celle-ci
était une espèce de folle; riche de 12 à 15,000 livres de
rentes, elle vivait à la campagne comme une paysanne. Elle
était restée veuve avec deux filles qu'elle mit en apprentissage : l'une pour être couturière, l'autre pour apprendre à
chanter dans les rues en s'accompagnant d'un instrument.
M. de Lucinière, leur oncle à la mode de Bretagne, alla trouver le premier président du Parlement, qui était aussi parent
de ces demoiselles, et lui fit part de l'étrange idée de madame du Baudiez. Un arrêt fut immédiatement rendu, par
lequel M. de Lucinière fut chargé de retirer ces demoiselles
de leur apprentissage, de les placer dans un couvent et d'en
prendre la tutelle; il obligeait, en outre, la mère à leur faire
une pension convenable. M. de Lucinière maria, dans la suite,

l'aînée au comte de Bonteville, capitaine au régiment du Roi,
frère de l'évêque de Grenoble, et la cadette à M. le Voyer.

5° Renée-Élisabeth *de Cornulier*, née à Lucinière le 22 juin 1684,
   entrée en religion en 1705 chez les Ursulines de Vannes.

6° Jeanne *de Cornulier*, entrée en religion en 1706 chez les Hospitalières de Quimper.

7° Marie-Anne-Marcuise *de Cornulier*, dite *Mademoiselle de Lucinière*, née à Lucinière le 18 décembre 1686, nommée à
   Rennes le 9 janvier 1693, mariée dans la chapelle de Lucinière, le 26 avril 1712, à Louis-Bernard *Chotard*, seigneur
   de la Loyenne et de la Loirie, intendant-général de S. A. S.
   le prince de Condé dans les provinces de Bretagne, Anjou,
   Touraine et Poitou, fils de Jacques Chotard, aussi intendant-
   général du prince de Condé, et de Marguerite Laurencin.
   Madame de la Loirie mourut à Nantes le 25 janvier 1729,
   et fut inhumée à Sainte-Radégonde. Elle ne laissa qu'un fils,
   qui fut maître des comptes de Bretagne en 1745, charge
   dont il obtint des lettres d'honneur en 1776, et qui ne laissa
   lui-même qu'une fille unique, mariée au marquis du Bois-
   de-la-Musse, conseiller au Parlement de Bretagne.

8° Pélagie *de Cornulier* fut mariée deux fois : en premières noces
   dans la chapelle de Lucinière, le 4 novembre 1706, à Fran-
   çois-Bernard *des Vaulx*, chevalier, seigneur de la Loizellière,
   dans la paroisse de Donges, son cousin issu de germain,
   fils unique de Jean-Baptiste des Vaulx et de Françoise le
   Meneust. Elle épousa en secondes noces à Nantes, le 6 mai
   1726, Emmanuel *Cassard*, seigneur de la Jou, conseiller du
   Roi, juge criminel au siége Présidial de Nantes, veuf de
   Françoise Merlet de la Guyonnière, fils de Paul Cassard,
   écuyer, seigneur de la Frudière, de la Jou, de Vigneux, de
   la Poissonnière, du Port-Lambert, etc., aussi juge criminel
   au Présidial de Nantes, ancien maire de cette ville, et de
   Françoise Mesnard. Pélagie de Cornulier avait eu en partage

les métairies d'Alon, près de Lucinière, qu'elle vendit en 1763 à M. de Lucinière ; elle était alors veuve de son second mari. Elle avait été si frappante pour sa beauté, qu'étant présentée à Versailles au grand couvert, la Reine lui fit donner l'ordre de sortir, tant elle craignait qu'elle ne donnât dans la vue du Roi. Elle n'eut pas d'enfants du second lit, et laissa du premier un fils unique, Vincent-Marie des Vaulx, capitaine de cavalerie au régiment de Conti, mort sans alliance. A cette époque, l'usage était fort répandu, surtout dans la famille des Vaulx, de différer excessivement les céré- monies du baptême ; on ondoyait immédiatement l'enfant, mais on négligeait souvent d'enregistrer sa naissance ; c'est là ce qui était arrivé pour Vincent-Marie des Vaulx. Né au château de la Loizellière le 9 août 1715, il ne fut baptisé à Nantes que le 2 mars 1742 ; l'évêque ordonna une enquête, où sa mère dut comparaître, et où elle subit une réprimande pour sa négligence.

9° Françoise *de Cornulier,* née à Lucinière le 10 février 1692, morte jeune.

XI. — Claude-Jean-Baptiste DE CORNULIER, chevalier, comte de la Roche-en-Nort, seigneur de Lucinière, du Meix, de Lorière, du Pesle, de Brains, etc., naquit à Vannes le 21 janvier 1686 et fut nommé à Nort le 24 juin 1687. Il fut émancipé par lettres du mois de juin 1708, et reçu conseiller au Parlement de Bretagne, à la place de son père, le 15 oc- tobre 1721. Il épousa à Rennes, le 7 mai 1720, Anne-Marie DE GENNES, née en 1701, morte à Nantes le 31 août 1773 et inhumée dans l'église de Sainte-Radégonde. Elle était fille de Benjamin de Gennes, seigneur de Vaudué, fermier-général des deniers de Bretagne, et d'Anne-Marie *Pommeret de la Villeguerry*.

Cette famille *de Gennes* tirait son nom de la paroisse de Gennes, près de Vitré ; elle avait embrassé tout entière la religion prétendue réformée, ce qui lui avait attiré de grandes persécutions ; mais elle était revenue depuis au catholicisme de bonne foi et avec une ardeur égale à celle qu'elle avait mise à le combattre, car les de Gennes ne savaient rien faire à demi. Cette conversion, néanmoins, ne s'opéra pas d'une manière uniforme. Madame de Cornulier avait cinq frères, dont quatre furent religieux ; deux étaient jésuites et marchaient à la tête des molinistes avec une ardeur telle, que leur compagnie leur décerna le titre de *défenseurs de la foi,* tandis que les deux autres n'étaient pas de moins fougueux jansénistes. L'un, savant bénédictin, bibliothécaire de la célèbre abbaye de Saint-Vincent du Mans, où la congrégation de Saint-Maur avait établi son Académie littéraire ; l'autre, oratorien, exilé sans cesse à cause de sa véhémence, avait fait passer dans l'esprit de ses sœurs, madame de Cornulier et madame de la Motte-d'Aubigné, son enthousiasme pour les prétendus miracles du diacre Pâris. Le cinquième frère, connu sous le nom de chevalier de Gennes, était receveur des impôts de l'évêché de Rennes ; il avait épousé mademoiselle Pinczon du Sel, dont il n'eut pas d'enfants.

Le *comte de la Roche-en-Nort* ou *comte de Lorière*, car on le désignait indifféremment des deux manières, était venu, de droit sinon en fait, en possession de la baronnie de la Roche-en-Nort du vivant même de son père, parce qu'elle avait été

acquise des deniers maternels; il la fit ériger en comté en 1713.
Cette seigneurie de premier ordre avait eu autrefois pour chef-
lieu le château même de Lucinière, anciennement nommé la
Roche. Depuis que le domaine de Lucinière en avait été détaché, au XVᵉ siècle, la baronnie ne consistait plus qu'en fiefs
volants répandus sur un espace de quinze lieues du Levant au
Couchant, entre Maumusson et Quilly, et sur une pareille
étendue du Midi au Nord, entre Quiheix sur l'Erdre et Saint-
Erblon dans l'évêché de Rennes. Elle avait juridiction supérieure
sur les paroisses de Nort, Nozay, Quilly, Saint-Mars-de-la-Jaille,
Saint-Julien-de-Vouvantes, le Pin, Vritz, Soudan, Louifert,
Saint-Vincent-des-Landes, Saint-Aubin-des-Châteaux, Maumusson, Saint-Erblon, etc., etc. Elle avait été dans l'origine
un bailliage de l'immense baronnie de la Roche-Bernard, à une
époque où celle-ci comprenait la majeure partie du comté nantais
au nord de la Loire; parmi les hommages qui en relevaient, il y
en avait de princiers, tels que la Motte-Glain et la châtellenie
de Nozay, à raison de laquelle le duc de Bourbon fit, en 1716,
foi et hommage à Jean-Baptiste de Cornulier, pour cause de
sa baronnie de la Roche-en-Nort.

A cette belle seigneurie, le comte de la Roche-en-Nort devait,
comme héritier principal, réunir un jour la plupart des anciennes terres de sa famille, mais son père venait d'en laisser
échapper une des plus importantes par l'engagement qu'il avait
contracté, au mois de décembre 1709, avec M. de la Blottière.
Dégoûté de la chicane, par les discussions sans nombre et
presque toujours malheureuses que lui avaient suscitées les
mouvances de la Roche-en-Nort et du Meix, aussi bien que la
succession de son beau-père Thomas Dondel, pour la liqui-

dation de sa société avec François de la Pierre, il n'avait pas
voulu rentrer dans de nouveaux débats au sujet de la succession
embarrassée du président du Pesle; autant donc par lassitude
que par amour du repos, il s'était déchargé de ce soin sur
M. de la Blottière, et s'était résigné à un sacrifice en lui cédant
la terre et seigneurie du Pesle avec ses dépendances à vil prix:
un quart de moins cher qu'il ne l'avait comptée à son frère
en 1682. Son fils vit cet arrangement avec regret et, profitant
de la faculté que lui donnait la coutume, il se fit adjuger, du
vivant même de son père, par sentence du Présidial de Nantes,
du 20 décembre 1713, la prémesse lignagère de cette terre.
Ce retrait fut pour lui la source d'interminables et ruineux
procès; entré dans le dédale des affaires de son oncle, il lui
aurait fallu, pour en sortir heureusement, un esprit d'ordre
et une aptitude qui lui manquaient totalement.

Ayant donc obéré tout-à-fait sa fortune, tant par sa mauvaise
gestion que par ses folies de jeunesse, il épousa Mlle de Gennes
dans le moment où ses affaires étaient dans le plus grand
désordre; elle lui apporta en mariage cent mille écus en argent,
somme énorme pour ces temps-là, et c'est à cette respectable
aïeule que ses descendants durent la conservation de leur
fortune.

Le comte de la Roche-en-Nort était un homme parfaitement
aimable, de beaucoup d'esprit, faisant de jolis vers, mais in-
tolérable pour la dépense. Son genre de vie plus que dissipé
ne pouvant convenir à sa femme, ils s'étaient séparés; il demeurait à Joué et sa femme à Lucinière, où il venait la voir
de temps en temps. Non-seulement il trouvait Lucinière un
séjour sévère par son site, mais il lui répugnait encore davan-

tage par la compagnie qu'on y rencontrait. Homme de plaisir
avant tout, les disputes théologiques de l'époque ne l'intéressaient guère; or Mlle de Gennes avait fait de son château une
sorte de petit *Port-Royal-des-Champs*: il était devenu l'asile
de tous les jansénistes persécutés. Presque tous appartenaient
au couvent des bénédictins des Blancs-Manteaux de Paris;
c'étaient pour la plupart des hommes d'un rare mérite, mais
austères. Les filles de Mme de Cornulier furent instruites par
eux; ils leur enseignèrent non-seulement le latin, qu'elles possédaient dans la perfection, mais encore les éléments de la
langue grecque, dans laquelle Mlle du Pesle avait particulièrement fait de grands progrès.

En 1737, Mlle de Gennes obligea son mari à se démettre de
tous ses biens en faveur de ses enfants qui restèrent sous la
tutelle de leur mère, puis elle le fit interdire par arrêt du Parlement. Mais cette mesure n'ayant pas encore paru suffisante au
conseil de famille, il demanda et obtint une lettre de cachet en
vertu de laquelle il fut, lors de la naissance de son dernier fils,
en 1740, enfermé à l'abbaye de Saint-Gildas-des-Bois où il
est mort en 1750, après dix années d'expiation.

Placée à la tête de la fortune que l'inconduite de son mari
avait failli anéantir, Mme de Lorière (son mari et elle ne furent
plus connus que sous ce nom depuis la démission de 1737)
l'administra si bien que non-seulement elle répara ses mauvaises
affaires, termina les procès, paya les dettes, mais qu'elle se
trouva encore en état de bâtir la belle façade de Lucinière
qui regarde le jardin, et de réédifier en entier le petit château
de Lorière, brûlé depuis pendant les guerres de la Vendée.
C'est là, qu'après le mariage de son fils, elle se retira avec

ses filles ; celles-ci renoncèrent généreusement à se marier pour que leur frère pût recueillir un jour tout l'héritage, et Mlle de Lucinière refusa pour ce motif d'épouser le comte de Crux-Courboyer, qui habitait le château voisin de Saffré.

• Le comte de la Roche-en-Nort fut père de onze enfants qui suivent.

1° Jean-Baptiste-Ange-Benjamin-Toussaint *de Cornulier*, né à Rennes le 18 décembre 1722, vivait encore en 1750, mais mourut jeune.

2° Claude-Toussaint-Henri, comte *de Cornulier*, seigneur de Lucinière, né à Lucinière le 20 mai 1729, capitaine de cavalerie, ne fut pas marié et fut tué en duel à Angers, étant au service, vers 1750. Par suite de sa mort malheureuse, ses sœurs, qui seules auraient pu en transmettre le souvenir, évitaient d'en jamais parler, ce qui fait qu'on n'a conservé ni le nom du corps dans lequel il servait, ni la connaissance exacte du lieu et de la date de sa mort.

3° Julien-Benjamin *de Cornulier*, né à Lucinière le 30 mai 1730, mort le 2 juin suivant.

4° Anonyme *de Cornulier*, mort à Lucinière le 7 novembre 1733.

5° Jean-Baptiste-Benjamin *de Cornulier*, qui suit.

6° Anne-Marie-Élisabeth *de Cornulier*, dite *Mademoiselle de Lorière*, née à Rennes le 19 janvier 1724, mourut à Nantes le 15 janvier 1785, et fut inhumée à Sainte-Radégonde. Non mariée.

7° Marcuise-Edmée, dite *Mademoiselle de Cornulier*, née à Lucinière le 19 août 1725, morte sans alliance de 1772 à 1778.

8° Félicité-Louise-Marie *de Cornulier*, dite *Mademoiselle du Pesle*, née à Lucinière le 25 janvier 1727, morte sans alliance, à Nantes, le 8 janvier 1778 et inhumée à Sainte-Radégonde.

9° Rose-Charlotte *de Cornulier*, dite *Mademoiselle de Lucinière*, née à Lucinière le 5 mars 1728, morte sans alliance en 1769.

10° Jeanne-Eulalie *de Cornulier*, née à Lucinière le 24 août 1731, morte jeune.

11° Un autre enfant qui ne vécut pas.

XII. — Jean-Baptiste-Benjamin DE CORNULIER, chevalier, seigneur de Lucinière, du Meix, de la Herpinière, de Lorière, du Pesle, de Brains, au comté nantais; du Cosquer, en Pommerit-Jaudi, et de Kergaro, en Quemper-Guézennec, près de Pontrieux, etc.; fut le dernier des enfants du comte de la Roche-en-Nort et d'Anne-Marie de Gennes, ce qui lui fit donner le nom de Benjamin. Il naquit au château de Lucinière le 18 février 1740, et eut pour parrain son frère aîné, le comte de Cornulier. Son éducation fut dirigée exclusivement par sa mère, femme d'un rare mérite, et elle l'éleva en enfant que l'on destine à devenir un jour un homme vraiment homme. Grâce à ses soins éclairés, il annonça dès ses premières années cette bonté, cette probité stricte, cette haine de tout mensonge, de toute duplicité, et cet inébranlable attachement à ses devoirs qui depuis se firent remarquer dans toutes les occasions de sa longue vie.

Retirée à Lucinière avec ses filles, ce furent celles-ci qui se chargèrent de la première éducation de leur frère; elles lui enseignèrent les principes de la langue latine qu'elles possédaient parfaitement. Jamais sa mère ne consentit à le mettre en pension, dans la crainte qu'il n'y corrompît ses mœurs, ou qu'il n'y perdît l'amour de la religion qu'elle cherchait surtout à lui inspirer. Lorsqu'il fut assez avancé pour commencer sa quatrième, elle prit un logement à Nantes, afin d'envoyer son fils au collége sans le perdre de vue; elle choisit celui de l'Oratoire, et l'y envoyait comme externe seulement, pensant réunir par là le double avantage de l'éducation publique et de l'éducation particulière, sans avoir les inconvénients de l'une ou de l'autre exclusivement. Ses sœurs, et particulièrement mademoiselle du Pesle, lui servaient de répétiteurs; elles continuèrent à remplir cet office jusqu'à ce qu'il eut terminé ses classes.

Quand il alla faire son droit à Rennes, il y fut placé sous la surveillance de son oncle de Gennes. C'était un homme d'une vivacité extrême, et son joug était loin d'être léger; il ne fallait rien moins que le caractère si doux et si conciliant de M. de Lucinière pour endurer le despotisme du chevalier de Gennes; il se conduisit néanmoins avec tant de réserve et de prudence, qu'il ne tarda pas à gagner son affection et sa plus intime confiance.

M. de Lucinière fut pourvu de l'office de conseiller au Parlement de Bretagne le 20 avril 1763, puis de celui de président de la Chambre des Enquêtes le 10 juin 1784. Il s'acquit au Parlement l'attachement et l'estime de tous ses confrères, comme il s'était acquis chez lui toute l'affection de ses voisins et le respect et la confiance de ses vassaux. Le président de Lucinière, dit M. de Kerdanet, avait au Parlement la réputation d'un des plus grands jurisconsultes de France; c'était le meilleur conseiller-rapporteur, l'homme le plus juste, le magistrat le plus savant comme le plus vénéré. On le citait

10

comme un type parfait, soit comme homme public, soit
comme homme particulier; ferme dans l'accomplissement de
ses devoirs, inébranlablement attaché à ses principes, rien au
monde n'eût été capable de l'en écarter; toute considération
humaine s'arrêtait là. Sa bonté naturelle le portait à une in-
dulgence peut-être excessive; il ne craignait rien tant que les
discussions, et on le vit souvent fuir ou garder le silence en
des occasions où il semblait qu'il eût mieux valu qu'il tînt sa
place; mais il avouait qu'il en agissait ainsi dans l'appréhen-
sion de se livrer à un transport de colère. Il était l'ami de la
jeunesse, et comme il avait fait son droit avec beaucoup de
distinction et qu'il aimait passionnément l'étude des lois, on
lui confia le soin de faire des conférences aux jeunes élèves en
droit; et c'est ainsi qu'il eut au nombre de ses disciples le
général Moreau, si célèbre depuis dans les fastes de la Révolution française. Hors de son semestre, c'était un des chasseurs les plus intrépides de la province; il avait organisé en
société régulière tous ceux du pays de Châteaubriant qui le
reconnaissaient pour leur chef, et l'avaient choisi pour arbitre
de toutes les discussions qui s'élevaient entre eux.

A l'époque où il entra dans la magistrature, on était dans
toute la chaleur de l'affaire des Parlements; il y prit une part
très-active et fut successivement exilé à Lucinière, à Saint-
Hilaire-du-Harcouët, puis à Civray, en Poitou; enfin, arrêté
à Houdan, en 1788, alors qu'il faisait partie d'une députation de douze membres que sa Compagnie envoyait près du
Roi.

La Révolution débuta à Rennes, dès 1789, par le massacre
de MM. de Boishue et de Saint-Riveul; les événements pre-

naient chaque jour un aspect de plus en plus menaçant; le
Parlement cessa ses fonctions; et bientôt chacun de ses
membres chercha son salut dans la fuite. M. de Lucinière
resta à Rennes l'un des derniers; aimé et considéré de toute
la ville, il y jouissait d'une grande popularité. Les gens du
Tiers-État essayèrent par des démarches de l'engager dans
leur parti; mais il repoussa ces ouvertures avec tant d'énergie, qu'ils devinrent furieux contre lui. Il dut abandonner sa
maison et se cacher chez les Cordeliers, en attendant qu'il
pût sortir furtivement de la ville pour regagner Lucinière. Là,
en butte à des visites domiciliaires incessantes; parlant et
écrivant avec une liberté qui dégénérait en imprudence; refu-
sant de déférer aux injonctions soi-disant patriotiques des
municipalités; ne voulant, en un mot, plier en aucune façon
devant l'idole du jour; menacé à chaque instant d'arrestation
et d'incendie, il ne lui restait d'autre parti à prendre que la
fuite pour dérober sa tête à la guillotine. Il prit donc avec sa
famille la route de Saint-Malo, où il s'embarqua pour Jersey
le 23 mai 1791.

Le séjour de M. de Lucinière dans cette île s'étant prolongé
bien au-delà de ses prévisions, il se trouva réduit pour vivre
à se faire pêcheur et ses filles couturières; tous ses biens
étaient séquestrés, et d'ailleurs la peine de mort était pro-
noncée contre ceux qui faisaient passer le moindre secours
aux émigrés. « Nous commençâmes, dit mademoiselle de
» Lucinière, par vendre le peu d'argenterie que nous avions
» emporté avec nous, montres, boîtes d'or, bijoux, tout fut
» sacrifié. Mon père passait une grande partie des nuits sur
» la mer avec un de ses compagnons d'infortune, M. de

» Sceaux, de Saint-Malo, homme assez grossier et de peu
» d'éducation; mais fort habile à manier la rame et les filets,
» et le matin on les voyait vendre au marché le poisson qu'ils
» avaient pris. Nous, levées dès l'aurore, nous travaillions
» aux gilets, habits et culottes que la charité anglaise four-
» nissait aux ecclésiastiques déportés ou fugitifs à Jersey. Le
» nombre des prêtres excédait quatre mille; et la prévoyante
» sollicitude de la marquise de Buckingham, qui avait eu
» l'idée d'établir nos ateliers, avait mis pour condition que
» ces vêtements seraient confectionnés par les dames fran-
» çaises pour leur assurer quelques moyens d'existence. Les
» plus habiles en couture devinrent les maîtresses et les guides
» des autres. Jusqu'alors ce métier m'avait été bien étranger;
» mais dame nécessité est industrieuse, et, à l'aide de quelques
» amies plus adroites que moi, je venais à bout de ma diffi-
» cile besogne. »

Dans cette extrémité, Fouché, devenu ministre, se souvint
de M. de Lucinière; élevé au Pellerin, tout près de Lorière,
il l'avait connu dans sa jeunesse et revu depuis dans les
séjours qu'il y faisait de temps à autre. Fouché, donc, fit
proposer à M. de Lucinière un sauf-conduit, s'il voulait
mettre pour un instant le pied sur le territoire français, et
là, faire dresser un certificat de présence au moyen duquel il
se faisait fort d'arrêter la vente de ses biens et de le mettre
en jouissance de ses revenus. M. de Lucinière fit remercier
le ministre de ses bonnes intentions à son égard, mais il refusa
de sauver sa fortune au moyen d'un acte qui lui paraissait
un faux, et tout ce qu'il possédait fut vendu nationalement.

Peu de temps après, à la fin d'août 1795, il se décida à

quitter Jersey, où lui et sa famille ne connaissaient plus que
douleurs et misères; à la lettre, ils y mouraient de faim.
Arrivé à Londres, il obtint du gouvernement anglais une petite pension comme ancien magistrat, et vécut de cette mo-
dique ressource jusqu'en 1814; mais, dans le but de faire
l'aumône autant qu'il le pouvait, il se fit jardinier de l'établissement de l'abbé Carron. Cet homme admirable, cet humble
chrétien ne comprenait la vie que pour s'y rendre utile. C'est
ainsi encore que, sans consulter son âge et ses forces, et
n'écoutant que son zèle, il voulut s'embarquer pour l'expédition de l'Ile-d'Yeu, à la suite du comte d'Artois; il en revint
avec une santé totalement délabrée.

La restauration des Bourbons sur le trône de leurs ancêtres
ne permit pas à M. de Lucinière de balancer un moment entre
la terre d'exil et une patrie qui, malgré ses injustices, lui
était toujours chère. Il nourrissait d'ailleurs dans son cœur le
plus vif désir de revoir, avant de mourir, sa femme et sa
famille, dont il était séparé depuis douze ans. Il partit donc
immédiatement pour Paris et de là pour Lucinière, dont il
était absent depuis vingt-trois ans. Le retour du vieux châtelain fut fêté avec effusion dans tout le pays; mais ces beaux
jours de 1814 furent de courte durée. Bonaparte, revenant
de l'île d'Elbe, lança un décret par lequel tous les émigrés
qui n'étaient rentrés qu'avec le Roi devaient quitter le territoire français dans un bref délai. Atteint par cette nouvelle
proscription, M. de Lucinière se disposait de nouveau à regagner l'Angleterre, lorsqu'une puissante protection obtint, en
raison de son âge avancé, que pour lui l'exil serait converti
en surveillance de la haute police, qu'il dut aller subir à

Nantes même, sous les yeux de l'autorité supérieure; mais cet état de contrainte ne se prolongea pas longtemps, le second Empire étant venu à crouler.

Lors de sa rentrée en France, en 1814, on avait envoyé à M. de Lucinière un brevet de conseiller à la Cour royale de Rennes; mais il le retourna immédiatement au ministre, en disant que la place de premier président pouvait seule être acceptée par le doyen des anciens conseillers au Parlement. On la lui promit, et le *vingt mars* dérangea seul cette nomination; mais sa santé devint si mauvaise dans les *Cent-Jours,* qu'on ne songea point à renouer cette affaire depuis. Ne voulant pas absolument être un homme inutile, il accepta, en 1816, les fonctions de maire de Nort, et termina dans l'exercice de cette modeste magistrature une carrière qui semblait, par sa direction, devoir être tranquille, et qui ne fut en effet qu'une suite non interrompue d'orages. Malgré ces tribulations, il rendait grâces à la Providence des compensations qu'elle lui avait accordées. « Si elle a souvent appesanti sa » main sur moi, disait-il, à un malheur, à une affliction, » elle faisait bientôt succéder un bienfait, en sorte que je l'ai » toujours trouvée attentive à mon égard. » Ce fut dans ces sentiments qu'il mourut à Lucinière le 4 juin 1818, et fut inhumé dans la chapelle du château. A cette occasion, M. du Bourblanc, ancien premier avocat-général au Parlement de Bretagne, alors conseiller d'État, écrivait à sa fille : « Vous » avez perdu le modèle des bons pères; il était mon ami de » puis cinquante-six ans; nous avons couru la même carrière, » subi les mêmes exils, les mêmes privations; fidèles à nos » anciens principes, nous avons toujours marché du même

» pied, et je suis condamné à survivre au plus ancien et au
» meilleur de mes amis ! »

Cecidit justissimus unus
Qui fuit in gallis et servantissimus œqui.
(Æneidos, lib. 2, v. 427 et 428).

M. de Lucinière avait épousé à Saint-Hilaire-du-Harcouët,
en Normandie, le 3 août 1767, Jeanne-Marcuise-Pétronille
DU BOURBLANC, née à Kergaro en 1740, fille de Charles-
Adolphe du Bourblanc, chevalier, marquis d'Apreville (qui
est·la traduction française du nom breton de Kergaro), et de
Saint-Hilaire-du-Harcouët, comte de Poilley, près de Fougères; seigneur de la Roche-Musset, près Langeais, en Touraine, etc.; commandant du régiment de Bricqueville, infanterie, chevalier de Saint-Louis, et de Marie-Geneviève *Poulain*
de Boisgourd. Ce mariage se fit contre l'avis de madame de
Lorière, sa mère; celle-ci avait voulu successivement faire
épouser à son fils deux riches héritières, mais il avait déjà
disposé de son cœur, et mademoiselle du Bourblanc l'avait
tellement captivé, qu'il avait pris la résolution de l'épouser,
quelques obstacles qu'on pût mettre pour empêcher cette
union: Madame de Lorière était en effet loin de l'approuver,
non qu'elle ne la trouvât très-honorable et très-avantageuse
sous tout autre rapport que celui de la fortune. Mademoiselle
du Bourblanc n'en possédait point d'effective; et celle qu'elle
pouvait espérer un jour, c'est-à-dire à la mort de son oncle,
qui était l'aîné de sa branche, et à celle de ses père et mère,
dépendait en grande partie du gain éventuel d'un fameux
procès contre les sieurs de Princey de la Nocherie, procès qui
durait déjà depuis cent vingt ans entre cette famille et celles

de Poilley et du Bourblanc, qui lui avait succédé. Cette mons-
trueuse chicane n'effraya pas le conseiller au Parlement.
Deux ans se passèrent en pourparlers et en négociations entre
la mère et le fils; enfin, ce dernier fut réduit à faire des som-
mations respectueuses, et le mariage s'accomplit. De ce moment, madame de Lorière combla sa belle-fille de présents et
de caresses. Elle remit à son fils la terre de Lucinière et se
retira avec ses filles à celle de Lorière, qu'elle avait fait
rebâtir pour leur servir de demeure lorsque leur frère serait
marié.

Madame de Lucinière émigra avec son mari, mais elle
rentra en France dès 1802, assez à temps pour sauver
quelques débris de sa fortune personnelle. Elle mourut à
Lucinière le 6 juin 1818, deux jours après son mari, et sans
avoir jamais soupçonné qu'il l'avait précédée. Elle repose
sous la même pierre tombale que lui. L'abbé Bahu, leur aumônier, l'ancien précepteur de leurs enfants, qui les avait suivis
en Angleterre, écrivait à cette occasion à M. du Bourblanc :
« Le même trait qui perce votre cœur a aussi percé le mien,....
» Notre perte est commune et nos regrets sont les mêmes.
» Mes bons et puissants amis, sur lesquels je fondais tout
» mon espoir et mon bonheur présent, sont arrivés au terme
» et jouissent de l'immortalité. Et moi je suis encore dans la
» voie ! Ainsi, le temps détruit tout, ainsi passe la figure de
» ce monde; rien de solide ni de constant, sinon les grands
» exemples de leurs vertus éminentes qu'ils nous trans-
» mettent..... Consolons-nous, quoiqu'ils nous aient précédés,
» parce que leur mort a été précieuse aux yeux du Seigneur,
» et que la mémoire du juste vivra éternellement ! »

De ce mariage sont issus :

1° Benjamin-Auguste-Martin *de Cornulier,* né à Rennes le 31
juillet 1771, mort à Nantes le 8 avril 1772 , et inhumé dans
l'enfeu de sa famille à Sainte-Radégonde.

2° Jean-Baptiste-Théodore-Benjamin *de Cornulier,* qui suit.

3° Louis-Henri *de Cornulier-Lucinière,* né à Rennes le 13 janvier 1777, émigra à Jersey avec sa famille en 1791. C'était
un jeune homme rempli de vivacité et de moyens , ne con-
naissant ou du moins ne redoutant aucun danger, d'une
taille svelte , mais un peu délicat. Tout annonçait qu'il fût
devenu dans la suite un homme parfaitement aimable et tout
propre à la société , si une mort prématurée ne l'eût ravi
si tôt. Devenu assez grand pour ne plus pouvoir rester dans
l'inaction , Henri de Lucinière, c'est ainsi qu'on l'appelait,
demanda, au commencement de 1793, à entrer dans le régiment de Loyal-Émigrant, que le comte, depuis duc de la
Châtre, organisait à Londres, et il y fut incorporé comme
volontaire dans la compagnie de Bretagne, commandée par
le marquis de la Moussaye. Débarqué à Ostende avec l'armée
anglo-hanovrienne du duc d'York, il se trouva au siége de
Dunkerque et à la bataille d'Hondschoote dans les premiers
jours de septembre 1793, et s'y acquit dès son début une
réputation de bravoure qu'il a toujours soutenue. Il se distingua particulièrement dans une sortie de Menin, où, écarté
en tirailleur , il se trouvait seul dans une prairie, quand il
fut rapidement chargé par un grenadier à cheval républicain ;
ses camarades éloignés , tout en courant à son secours, le
croyaient perdu , lorsque , plein de calme et de sang-froid,
il attendit son ennemi de pied ferme , le tira à bout portant
et le tua raide, en faisant un écart pour éviter le choc de
son cheval, qu'il saisit et ramena au milieu des félicitations
universelles. Il périt dans le premier bateau qui essaya la

sortie du canal de Newport, en Belgique, le 6 juillet 1794;
il y fut coupé en deux par un boulet.

4° Anne-Charlotte-Marie *de Cornulier,* dite *Mademoiselle de
Lucinière,* née au château de Saint-Hilaire-du-Harcouët, en
Normandie, le 31 mars 1769, fut confiée dès sa plus tendre
enfance à sa grand'mère de Gennes. Ses tantes, qui avaient
déjà fait la première éducation de son père, se chargèrent
aussi de la sienne. Elle fut élevée au château de Lorière et
y resta jusqu'à la mort de la dernière d'entre elles., arrivée
en 1783; ce fut alors seulement qu'elle retourna chez ses
père et mère, qu'elle suivit quelques années après en émigration. Elle entra, dès leur formation à Londres., dans les
établissements d'éducation fondés par l'abbé Carron, et y est
restée jusqu'à la mort de ce vénérable ecclésiastique, arrivée
au mois de mars 1824, à Paris, où il avait, à la Restauration, transféré son institution, sous le nom de *Marie-
Thérèse* ou des *Nobles Orphelines.* Ses fonctions y étaient de
surveiller les demoiselles, de donner des leçons de français
aux Anglaises; elle tenait, en outre, tous les registres rela-
tifs à la comptabilité des pensionnaires, tant filles que garçons, et était chargée seule de la correspondance anglaise
de l'établissement, qui était fort étendue. Elle était l'âme de
cette maison, qu'elle avait adoptée par goût et par reconnaissance. « J'ai remis entre les mains de la Providence
» mes plus chers intérêts, écrivait-elle en 1802, et je n'en
» veux point reprendre le fatigant soin. Consacrée par choix
» à l'état précieux que j'ai embrassé, je m'y regarde liée
» aussi fortement que si j'en avais fait le vœu solennel. »
Et, en 1814, elle disait de l'abbé Carron : « Vous ne con-
» naissez encore cet homme de Dieu que par ses œuvres
» extérieures; que serait-ce si, comme moi, vous l'aviez
» suivi dans sa vie privée pendant vingt années ? C'est un
» François de Sales ! c'est un Vincent de Paule ! » Mademoiselle de Lucinière était une femme d'un mérite supérieur;
on peut juger de la rectitude de son jugement par une de

ses lettres qui a été publiée dans la correspondance de l'abbé Félicité de la Mennais ; en quelques mots de bon sens pratique, elle met à néant les sophismes par lesquels le malheureux prêtre se laissa surprendre. Elle est morte à Paris le 26 janvier 1844, sans alliance.

5° Félicité-Marie-Marcuise *de Cornulier*, née à Lucinière le 29 septembre 1775, émigra aussi avec ses parents à Jersey. C'était une personne charmante ; il ne lui manquait qu'une taille plus élevée pour être une beauté accomplie. Avec ces avantages et dans la position précaire où sa famille se trouvait, on dut la marier de bonne heure. Elle épousa à Jersey même, le 17 septembre 1793, Marie-Auguste *du Bahuno*, chevalier, vicomte du Liscouët, ancien chevau-léger de la garde du Roi, fils de Jacques du Bahuno, marquis du Liscouët, et de Françoise-Marie-Reine de Coëtlogon. C'était un homme peu agréable de sa personne et absolument nul du côté de l'esprit. Fatigué de l'émigration, il revint en France, contracta un second mariage, et, méprisé de sa famille et de tous ceux qui le connaissaient, mourut en prison à Auray le 5 février 1807. Après l'abandon de son mari, madame du Liscouët passa à Londres, où elle entra, en 1796, dans une pension comme maîtresse de français. Elle y est morte le 21 avril 1808. Depuis longtemps elle s'était donnée parfaitement à Dieu. Elle porta le deuil de son mari, et ne parla jamais des sujets de mécontentement qu'il lui avait donnés. Elle n'avait eu qu'une fille, morte à Jersey, âgée de six semaines.

XIII. — Jean-Baptiste-Théodore-Benjamin, comte DE COR-NULIER-LUCINIÈRE, né à Nantes le 3 mars 1773, émigra au commencement de 1791, se rendit à Worms, près du prince

de Condé, et fut immédiatement incorporé dans le régiment
de la Reine, cavalerie. Il fut à Ettenheim et Oberkeim durant
l'hiver de 1792, fit la campagne de 1792 et celle de 1793
dans la deuxième compagnie noble d'ordonnance, brigade de
Lasteyrie, sous les ordres du comte du Hallay, et rejoignit sa
famille à Jersey après le licenciement de l'armée des princes.
Il entra, en 1793, dans le régiment d'infanterie du Dresnay,
à la solde de l'Angleterre, et y fut nommé sous-lieutenant à
la fin de 1794. Il avait déjà obtenu ce grade à son arrivée à
Worms, mais, dans cette armée de volontaires, on servait
tantôt comme officier, tantôt comme soldat; ici à pied et là à
cheval, selon que l'exigeaient les circonstances; l'honneur et
le dévouement le plus désintéressé étaient les seules règles de
l'émigration. Manquant souvent du nécessaire, condamnés à
mort s'ils étaient pris, soit par suite de blessures, soit par excès
de fatigues; traités en mercenaires par les puissances alliées,
abandonnés par elles à la paix, les émigrés firent preuve d'une
abnégation surhumaine et qui n'a jamais été appréciée.

C'est en qualité de sous-lieutenant au régiment du Dresnay
que le comte de Cornulier fit partie de l'expédition de Quibéron en 1795. Grièvement blessé d'un coup de baïonnette
dans le côté à l'attaque du fort Penthièvre, et se traînant à
peine, il gagna, non sans opposition, une embarcation anglaise, qui le jeta à bord d'un vaisseau. Débarqué mourant à
Southampton, il y fut recueilli par M. et Mme Picaud, ses
compatriotes, qui lui prodiguèrent les soins les plus assidus,
et c'est à leur hospitalité qu'il fut redevable de la vie.

Le régiment du Dresnay ayant été licencié à son retour en
Angleterre, le comte de Cornulier fut, après son rétablisse-

ment, nommé capitaine dans le corps noir de Nestre; mais, au moment de partir pour l'Amérique, il entra, en 1796, dans le régiment de Royal-artillerie, corps français au service de l'Angleterre, commandé par M. de Rotalier, et alors en cantonnement à Lymington. Il partit avec ce corps pour le Portugal, où il fit les campagnes d'Abrantès et autres en 1799 et 1800, et y servit jusqu'au licenciement du régiment, qui eut lieu à Portsmouth le 1er octobre 1802.

Peu après cette époque, il rentra en France, où il fut amnistié le 15 février 1803. Il refusa le grade de chef de bataillon qu'on lui offrit dans les armées impériales, et ne voulut accepter d'autres fonctions publiques que celles de maire de la commune de Nort, où il fut nommé le 23 novembre 1807. Revenu à la vie privée, il s'appliqua tout entier à rassembler les débris de sa fortune, ou plutôt à s'en créer une nouvelle, car tout ce que possédait son père avait disparu dans la tourmente révolutionnaire; il était, à la lettre, sans feu ni lieu, et même moins que cela, car il ne retrouvait pas un sou de bien, mais seulement des dettes anciennes à payer. Quelques spéculations heureuses, des transactions avec la plupart de ses acquéreurs, lui permirent de rentrer progressivement dans la propriété de son ancienne terre de Lucinière, et lui donnèrent la certitude de pouvoir élever désormais sa jeune famille, qui semblait croître en proportion de l'agrandissement de son domaine. Heureux de posséder le nécessaire après avoir éprouvé tant de vicissitudes, il vivait satisfait de sa médiocrité et de la considération dont il jouissait dans son petit cercle. C'est en cet état obscur, mais paisible et exempt de soucis, que le trouva la Restauration.

.Il fut nommé chevalier de Saint-Louis par ordonnance du
27 novembre 1814, et reçu à Nantes par le chevalier de Cornulier, le 8 janvier 1815. Reconnu comme capitaine de cavalerie, à prendre rang du 1er octobre 1802, par ordonnance
royale du 31 mai 1814. Nommé commandant de la garde
nationale de Nort en 1816, et lieutenant-colonel des gardes
nationales à cheval de l'arrondissement d'Ancenis, par ordonnance du 28 avril 1818. Il était encore membre du Conseil
d'Arrondissement de Châteaubriant et de la Société royale
Académique de la Loire-Inférieure, où il avait été reçu le 18
janvier 1818. Il refusa la préfecture de la Corse, qui lui avait
été offerte.

La Restauration, tout en comblant les vœux les plus chers
des émigrés, n'en fut pas moins fatale à beaucoup d'entre
eux, chez qui elle développa des ambitions sans les satisfaire.
Le changement subit arrivé dans leur position en 1814 était
bien capable, en effet, de les enivrer et de leur tourner la
tête. Suspects de droit et à peine tolérés sous l'Empire, ces
proscrits amnistiés trouvaient tout naturel de vivre médiocre-
ment et à l'écart de la seule vie de famille : aucune autre ne
leur était permise, et ils n'y prétendaient pas. Les richesses
et les dignités du jour appartenaient à des gens avec lesquels
ils tenaient à honneur de ne point se mêler; ils supportaient
donc patiemment et sans en être blessés une position d'infé-
riorité qu'ils avaient franchement acceptée, et qui d'ailleurs
leur était commune à tous, à l'exception de certains individus
qui avaient renié leurs principes et qui leur étaient odieux
comme des transfuges. Les Bourbons rentrant dans tous leurs
droits, leurs compagnons d'exil reprenaient naturellement

avec eux le rang qu'ils avaient eu autrefois dans la société;
ils se trouvaient, même malgré eux et par nécessité de situation, jetés dans la sphère du gouvernement; ils durent faire
figure, représenter dans les réunions électorales, et paraître
dans maintes circonstances où leur ancienne simplicité n'était
plus de mise. Il leur fallait, pour soutenir cette position nouvelle, ou des places qui ne furent qu'en espérance, ou une
fortune que la Restauration ne leur rendit pas. A cette première déception vint s'en joindre une autre; une profonde
scission se fit dans leurs rangs mêmes, jusque-là nivelés sous
la médiocrité. Quelques-uns furent réintégrés dans la possession de vastes forêts qui n'avaient pas été vendues, et recouvrèrent tout-à-coup leur ancienne opulence; d'autres furent
pourvus de fonctions largement rétribuées. Ce n'étaient que
des exceptions, mais elles excitèrent les convoitises de la
masse des déshérités. Tous avaient souffert les mêmes exils,
les mêmes misères chez l'étranger, tous auraient voulu que
la même justice leur fût faite; mais comprenant que l'État ne
pouvait les satisfaire, chacun ne compta plus que sur son
intelligence pour s'élever au niveau matériel qu'il jugeait lui
appartenir; de là une fièvre de spéculations qui échauffa
quantité de têtes restées calmes jusqu'alors.

Le comte de Cornulier subit cette funeste influence. Comp-
tant pour rien ses travaux passés, dominé par l'idée fixe de
l'avenir de ses enfants, il se mit à l'œuvre sans relâche. Une
entreprise qui semblait bonne en elle-même, mais dans
laquelle il s'engagea dans une proportion qui dépassait ses
forces, le dessèchement des marais de Donges, éprouva des
obstacles et suscita des oppositions locales qui la firent traîner

en longueur. Les revenus étaient ajournés, tandis que les appels de fonds ne discontinuaient pas; il fallait à tout prix trouver le moyen d'y satisfaire, sous peine de déchéance, et, pour sa part, 500,000 francs étaient déjà enfouis dans ces tourbières. Depuis longtemps ses affaires ne lui laissaient plus aucun repos, et ce père si tendre en était réduit à écrire à son fils aîné à Toulon, à la fin de 1823 : « Tu ne saurais » croire combien je souffre de ne pouvoir rien t'envoyer, » mais cela m'est absolument impossible; de ma vie je ne me » suis trouvé aussi gêné ! » Lui seul connaissait toute sa posi- tion; il renfermait dans son sein ce secret rongeur; une con- fidence l'eût soulagé, mais cette révélation aurait désolé sa famille : il préféra souffrir seul, et cette contrainte le mena au tombeau.

Cependant ses créanciers se lassent d'attendre; il n'a plus rien à leur jeter en pâture pour les faire patienter encore; une à une, il a épuisé toutes ses ressources. C'est alors qu'ils mettent à exécution la menace qu'ils faisaient depuis long- temps : Lucinière est saisi ! Surprise au milieu de la sécurité la plus complète et frappée comme d'un coup de foudre, sa femme, éperdue, laisse le champ libre aux gens de justice, court à la grande route, saisit la diligence au passage, s'y précipite et arrive à Nantes auprès de son mari. Elle demande des explications, ce que signifie au juste ce qu'elle tremble d'avoir trop bien compris; mais déjà il est trop tard pour obtenir une réponse, et bientôt elle reste seule, veuve avec sept enfants mineurs, et plongée tout à la fois dans la douleur la plus profonde et dans un inextricable dédale d'affaires.

Le comte de Cornulier succomba frappé d'apoplexie à

cinquante-et-un ans, et l'on peut dire victime de son dévouement paternel, car dans toutes ses combinaisons le présent
était sacrifié à un avenir qui ne pouvait être le sien. Il mourut
à Nantes le 25 avril 1824, et, selon le désir qu'il en avait
témoigné, fut inhumé dans la chapelle de Lucinière, près de
son père et de sa mère. Il avait épousé à Londres, le 2 juin
1802, Anne-Henriette D'OILLIAMSON, née au château de Coulibœuf, près de Falaise, le 10 octobre 1786, fille de Marie-
Gabriel-Éléonor, comte d'Oilliamson, marquis de Courcy, en
Normandie, vicomte de Coulibœuf, etc.; lieutenant-général
des armées du Roi, grand'croix de Saint-Louis, commandeur
de l'ordre noble du Phénix de Hohenlohe, etc., et de Marie-
Françoise *d'Oilliamson,* marquise de Saint-Germain-Langot,
près de Falaise; baronne des Biards, de Baux, de Cali-
gny, etc., sa cousine germaine. La comtesse de Cornulier est
morte à Pornic le 3 août 1847, et a été inhumée à Nantes.

Le *comte de Cornulier-Lucinière* laissa de son mariage
sept enfants, qui suivent.

1°. Ernest-François-Paulin-Théodore DE CORNULIER-LUCINIÈRE,
né à Nantes le 4 janvier 1804, entra dans la marine, comme
élève de troisième classe, à l'École navale d'Angoulême, le
1er janvier 1818; fut nommé élève de deuxième classe le
1er septembre 1819, et élève de première classe le 1er décembre 1821. Promu enseigne de vaisseau le 4 août 1824,
lieutenant de vaisseau le 26 avril 1831, et chevalier de la
Légion-d'Honneur le 14 août 1842. Fut admis à la retraite,
sur sa demande, le 30 septembre 1843. Il a publié différents
Mémoires sur l'astronomie nautique, sur l'artillerie de la
marine, la tactique navale, et sur l'histoire du comté nantais; et est l'auteur de la présente *Généalogie.* Il a épousé
à Orléans, le 16 juillet 1833, Charlotte-Germaine-Néalie

11

DE LA BARRE, née à Auxerre le 15 août 1809, fille de Jean-
Baptiste de la Barre, chevalier, et de Modeste-Eugénie-
Edmée-Élise *du Faur de Pibrac*, dont il a une fille unique :

Alicie-Charlotte-Eugénie-Marie *de Cornulier-Lucinière*, née à Lorient le 19 février 1843.

2° Albert-Hippolyte-Henri DE CORNULIER-LUCINIÈRE, né à Lucinière le 17 juillet 1809, admis dans la marine, comme élève
de troisième classe, à l'École navale d'Angoulême, le 20 octobre 1825 ; nommé élève de deuxième classe sur le vaisseau-école l'*Orion*, en rade de Brest, le 7 octobre 1827 ;
passa garde-du-corps du roi Charles X au mois de juillet
1830; lieutenant dans l'armée du roi don Miguel de Portugal,
commandée par le maréchal de Bourmont, en 1833 ; élu
membre du Conseil Général de la Loire-Inférieure, de 1848
à 1852; par le canton de Saint-Philbert. A épousé à Nantes,
le 12 mai 1835, Céleste-Claire DE COUËTUS, née dans la
même ville le 17 novembre 1810, petite-fille de M. de Couëtus, successivement page de la Reine, officier au régiment
de cavalerie de Royal-étranger, chevalier de Saint-Louis, et
général commandant en second l'armée vendéenne de Charette, fusillé à Challans en 1796 ; et fille de Jean-Baptiste
de Couëtus, chevalier de Saint-Louis, ancien officier au régiment de la Reine, cavalerie, et de Anne-Marie-Jacqueline
de Galard de Béarn de Brassac. De ce mariage sont nées
deux filles, qui suivent.

A. Marie-Rogatienne-Anne-Philomène *de Cornulier-Lucinière*, née à Nantes le 29 mai 1836, mariée dans la
même ville, le 21 novembre 1860, à Marie-Charles-
Adrien *de Couëtus*, son cousin germain, fils de Louis-
Albert de Couëtus, ancien page du roi Charles X, ancien officier de dragons, et de Léontine-Charlotte de la
Roche-Saint-André.

B. Alix-Marie *de Cornulier-Lucinière*, née à Nantes le 23
octobre 1841.

3° Alphonse-Jean-Claude-René-Théodore *de Cornulier-Lucinière,* qui suit.

4° Théodore-Gabriel-Benjamin-Charles DE CORNULIER-LUCINIÈRE, né à Lucinière le 14 juin 1817; licencié en droit, fit partie du premier détachement des volontaires orléanais qui marchèrent au secours de Paris, en juin 1848, et se trouvèrent à l'affaire du Carrousel. A épousé à Orléans, le 27 avril 1840, Caroline-Germaine-Marie DE SAILLY, née à Orléans le 21 août 1822, fille unique d'Armand-Joseph, vicomte de Sailly, chevalier de Malte de minorité, et d'Anne-Marie-Louise-Alexandrine *du Faur de Pibrac,* dont il a une fille unique.

> Caroline-Henriette-Marie *de Cornulier-Lucinière,* née à Orléans le 18 février 1841.

5° Marie-Alfred-Ernest DE CORNULIER-LUCINIÈRE, né à Lucinière le 15 janvier 1822; nommé élève à l'École militaire de Saint-Cyr le 20 novembre 1840; sous-lieutenant au 5e bataillon de chasseurs à pied le 1er octobre 1842; lieutenant au 6e bataillon de la même arme le 25 janvier 1846; capitaine au 5e bataillon de chasseurs à pied le 6 décembre 1850; chef de bataillon, commandant le 9e bataillon de chasseurs, le 27 janvier 1855; commandant du bataillon de chasseurs à pied de la garde, le 22 août 1855. Décoré de la Légion-d'Honneur, le 25 janvier 1848, à l'occasion de la prise d'Abd-el-Kader, et du Medjidié de Turquie après la bataille d'Inkermann. Tué sur la brèche, à l'assaut de Sébastopol, le 8 septembre 1855.

Passé en Afrique aussitôt sa sortie de l'École militaire, Alfred de Cornulier s'y distingua immédiatement dans plusieurs expéditions dont il fit partie dans les provinces d'Alger et d'Oran, par son entente de la guerre, son ardeur dans l'action et son aptitude à parler la langue arabe, chose rare encore dans l'armée malgré l'importance qu'on y attachait. Il était parti muni de lettres de recommandation pour plusieurs généraux et officiers supérieurs, mais il n'eut rien de plus

pressé que de les jeter à la mer pendant la traversée, ne
voulant rien devoir à la faveur. Cependant ayant été remarqué
de son chef de bataillon, M. de Canrobert, depuis maréchal
de France, celui-ci le désigna au choix du lieutenant-général
de la Moricière, qui lui avait demandé un officier d'ordonnance, et il servit en cette qualité près de lui depuis le mois
d'août 1845 jusqu'en 1848. Il fit partie de l'armée de Paris
comme adjudant-major au 5e bataillon de chasseurs à pied,
puis fut embarqué pour l'armée d'Orient le 19 mars 1854.
Assista à la bataille de l'Alma, sous les ordres du général
Bosquet, et se distingua par son intrépidité à celle d'Inkermann, où il reçut deux blessures graves et eut un cheval tué
sous lui. Évacué sur Constantinople, pour guérir ses blessures, il rejoignit, sous les murs de Sébastopol, le 15 mars
1855, le 9e bataillon de chasseurs à pied dont on lui avait
confié le commandement ; assista dès lors à toutes les opérations du siége et s'y fit remarquer par ses qualités militaires,
son sang-froid et son brillant courage. Nommé commandant
des chasseurs à pied de la garde, il quitta le vieux siége, où
il avait été employé depuis son retour en Crimée, pour passer
à l'attaque de droite, du côté de la tour Malakoff. Le jour de
l'assaut général, il entraîne ce corps d'élite avec un élan ir-
résistible, franchit successivement, au pas de course, six
parallèles remplies de nos soldats, sous une grêle de balles
et de mitraille, sans jamais souffrir que personne le devance.
Toujours le premier, il gravit la *batterie noire*, escalade le
parapet, et de là, brandissant son épée, crie à ses chasseurs :
en avant! Mais, au même instant, frappé de plusieurs balles,
à bout portant, il roule sans vie au fond du fossé. Sur mille
combattants environ, son bataillon avait eu 450 hommes hors
de combat en quelques minutes.

« Ce brave jeune Alfred de Cornulier, comme il est mort
» vaillamment l'épée à la main, à la tête de son bataillon ! écri-
» vait le général Mellinet. J'avais passé la journée de la veille
» avec lui ; et, lorsqu'il partit pour s'engager avec son bataillon,

» je lui serrai encore fortement la main en lui souhaitant une
» chance qu'il n'a pas eue, le digne et valeureux garçon. »

Quelques mois avant sa mort, un autre officier général
disait : « Cornulier est un homme exceptionnel ; s'il n'est pas
» tué ici, c'est un homme qui marquera en France. »

Quand on apprit sa mort, ce fut un deuil général dans
l'armée d'Orient ; depuis le général en chef jusqu'au dernier
soldat, il jouissait de l'estime et de l'affection universelle ;
nul officier n'a été plus sincèrement regretté ; destiné à fournir
la plus brillante carrière, il n'avait pas un envieux. A la bataille d'Inkermann, il avait excité l'admiration de l'armée
entière ; tout le monde avait mis pied à terre pour se dérober à la terrible mitraille des Russes, seul de toute l'armée
il eut l'audace de rester à cheval au milieu de cet ouragan de
fer. « *Il était brave!... il était juste!... et il était bon,* » di-
saient de lui ses chasseurs, résumant ainsi son éloge en trois
mots dans leur concision militaire. « C'était, disait le général
» Trochu, un noble cœur, une âme pleine d'élévation, un
» officier accompli, et la perte de ce vaillant jeune homme,
» qu'attendait un grand avenir, est l'une des plus irrépa-
» rables que le pays et l'armée aient faites devant Sébastopol,
» où tant de braves gens ont succombé. »

Le même, écrivant à sa veuve, lui disait : « Commandant
» sous mes ordres une troupe dont il avait fait une élite ; aimé
» de tous, honoré de tous pour sa brillante valeur et l'élé-
» vation de son caractère, votre mari, madame, était mon
» ami et comme mon enfant. J'éprouvais une vive satis-
» faction à penser que je contribuerais au développement de
» cette belle carrière, et quand, sur sa réputation, il fut ar-
» raché à mon affection pour aller servir loin de moi, j'en
» fus, et je crois qu'il en fut mortellement affligé. On ne
» se séparait jamais d'un ami, dans cette guerre terrible,
» sans avoir de douloureux pressentiments d'une séparation
» éternelle ; et quand il vint me faire ses adieux, quand je lui
» donnai l'accolade militaire, j'eus la pensée que l'un de nous

» ne reverrait pas ses foyers. Cette pensée qui m'obsédait,
» s'est hélas réalisée ; et, au milieu des périls communs,
» Dieu a voulu appeler à lui celui qui, bien plus jeune, n'eut
» pas dû être appelé le premier. On ne parle pas à une épouse
» et à une mère des gloires qui ont environné la mort de son
» mari; mais nous, madame, qui sommes des soldats, nous
» éprouvons quelque consolation à la pensée qu'un compagnon
» d'armes, un ami, est descendu dans la tombe entouré de
» tant d'honneurs et de regrets. »

A ces vertus militaires, Alfred de Cornulier joignait le
courage des principes, la fermeté des sentiments et des
convictions, union de qualités devenue si rare de nos jours.
Chez lui, jamais le désir d'obtenir des honneurs ne l'emporta
sur le besoin de les mériter. La générosité de son cœur et sa
loyauté ne lui permettaient même pas d'altérer l'expression de
sa pensée, quand même elle devait compromettre sa carrière.

Immédiatement après le coup d'État du 2 décembre 1851,
des feuilles furent envoyées dans tous les corps pour y faire
signer aux officiers leur adhésion au nouveau 18 brumaire.
Alfred de Cornulier refusa noblement d'y apposer sa signa-
ture, quelques instances que lui fissent ses camarades et son
chef de bataillon, lui représentant qu'il perdait son avenir. Ce
dernier, appelé au ministère de la guerre pour donner des
explications sur ce refus exceptionnel, répondit : « Cet officier
» est le meilleur de mon bataillon; mais ayant été attaché
» pendant plusieurs années à la personne du général de la
» Moricière, il répugne à sa délicatesse de s'associer à une
» mesure qui le frappe d'exil. »

Lui-même rendait compte ainsi des circonstances qui ac-
compagnèrent sa nomination au commandement des chasseurs
à pied de la garde impériale, dans une lettre écrite devant
Sébastopol, le 28 août 1855 : « Je me présentai d'abord chez
» le général de Martimprey, chef d'état-major général, et je
» me plaignis à lui de ce qu'on m'avait choisi pour un poste
» qui me convenait si peu. Il me répondit que le général en

» chef avait tout pesé, et qu'il ne s'était arrêté à la déter-
» mination qui me concernait qu'en parfaite connaissance de
» cause.

   » De là je fus faire mes visites d'arrivée, d'abord à mon
» nouveau général de brigade, M. de Pontevès, que j'ai
» connu jadis à Oran ; ensuite au général Mellinet, qui de-
» vient mon général de division, et enfin au général en chef
» de la garde, M. Regnault de Saint-Jean-d'Angély. En
» m'entendant annoncer, celui-ci prit un air des plus graves
» et des plus soucieux, et me conduisit dans un coin mys-
» térieux et retiré de sa baraque, où j'eus à subir l'interroga-
» toire suivant : — Aviez-vous demandé à venir dans la
» garde ? — Non, mon général. — Aviez-vous le désir d'y
» être admis ? — Non, mon général. — On m'a dit que vous
» étiez parent du général de la Moricière. Cet officier général
» a des opinions hostiles au gouvernement ; si vous les par-
» tagiez, ce serait fâcheux ; car, dans la position que vous
» allez occuper, vous aurez de doubles devoirs à remplir,
» d'abord ceux qui sont imposés à tout officier, et ensuite
» des obligations plus étroites envers la personne du sou-
» verain, pour laquelle chaque officier de la garde doit
» professer un attachement particulier. — Je ne suis pas
» parent du général de la Moricière ; mais j'ai eu l'hon-
» neur de faire partie pendant trois années de son état-
» major. Je ne partage pas ses opinions politiques ; mais
» j'appartiens à une famille qui en professe d'autres qui ne
» sont pas davantage dans le sens du gouvernement, et je
» déclare, en toute franchise, que mes sympathies per-
» sonnelles sont de ce côté. Je ferai mon devoir en toute
» circonstance, comme il convient à un officier d'honneur ;
» mais je déclare nettement que je n'éprouve pour le chef
» actuel de l'État aucun sentiment d'attachement particulier.

   » Mon vieux général semblait très-malheureux de toutes
» mes réponses. Quant à moi, j'étais posé en face de lui, bien
» carrément, parfaitement à l'aise, n'éprouvant aucun em-

» barras à satisfaire sa curiosité. Enfin, je fus congédié avec
» ces mots : — Je respecte, Monsieur, toutes les convictions ;
» mais il est regrettable qu'on ne consulte pas les officiers
» avant de les nommer aux emplois de la garde. — Je m'in-
» clinai sans répondre, remontai à cheval, et arrivai au camp
» de mon nouveau corps. »

« Mort, Alfred de Cornulier avait sur sa figure un air de
» sérénité ineffable, image de sa belle âme, dit un témoin
» oculaire ; il était si calme, qu'il paraissait dormir. Je me
» rappelle son souvenir avec bonheur, écrivait le R. P. de
» Damas, aumônier de l'armée d'Orient, et, pour me servir
» d'une expression de l'Écriture, son âme semblait s'être
» collée à la mienne, tant notre union était intime. »

Alfred *de Cornulier* avait épousé à Nantes, le 5 août 1846,
Marguerite-Amélie LAW DE LAURISTON, née à Nantes le 5
avril 1825, fille de Louis-Georges Law de Lauriston, ancien
receveur-général des finances à Nantes, chevalier de Saint-
Louis et de la Légion-d'Honneur (frère du marquis de Lauriston, maréchal de France), et d'Agnès *de Vernety*. De ce
mariage sont nés quatre enfants qui suivent :

A. Pierre-Marie-Alfred *de Cornulier-Lucinière,* né à Nantes
le 27 mai 1847, mort du choléra à Paris le 6 juin 1849.

B. Charles-Marie *de Cornulier-Lucinière,* né à Nantes le 27
janvier 1849, mort aussi du choléra à Paris, le même
jour que son frère.

C. Pierre-Charles-Marie *de Cornulier-Lucinière,* né à Douai,
en Flandre, le 20 avril 1851, mort à Nantes le 29
mai 1859.

D. Anne-Marie-Marguerite *de Cornulier-Lucinière,* née à
Nantes le 18 avril 1850.

6° Antoinette-Mathilde-Anne-Camille-Marie-Clotilde-Bathilde *de
Cornulier-Lucinière,* née à Lucinière le 20 janvier 1807,
nommée, par brevet du 8 janvier 1825, dame chanoinesse

honoraire du chapitre royal de Sainte-Anne de Munich; a
épousé à Falaise, le 25 juillet 1829, Louis-Henri *Robert de
Grandville* (de la famille Robert, anciens seigneurs du
Moulin-Henriet, en Sainte-Pazanne, au comté nantais), fils
de François-Julien Robert de Grandville et de Anne-Fran-
çoise-Madeleine de Sartoris. Devenue veuve après une année
de mariage, elle est restée sans postérité.

7° Hélène-Anne-Marie *de Cornulier-Lucinière*, née à Lucinière le
19 mars 1820. Sans alliance.

XIV. — Alphonse-Jean-Claude-René-Théodore, comte DE
CORNULIER-LUCINIÈRE, né au château de Lucinière le 16 avril
1811, est entré au service comme élève de la marine de
deuxième classe, sur le vaisseau-école l'*Orion,* en rade de
Brest, le 16 octobre 1827; fut nommé élève de première
classe le 16 juillet 1830; décoré de la Légion-d'Honneur
pour la prise de la casbah de Bône, le 10 mai 1832. Promu
enseigne de vaisseau le 1er janvier 1833, et lieutenant de
vaisseau le 1er décembre 1840. Nommé, en 1847, officier de
l'ordre portugais de *la Tour et l'Épée,* pour sa participation
au traité de Sétuval. Promu capitaine de frégate le 2 décembre
1852; officier de la Légion-d'Honneur le 12 août 1854, à la
suite d'une croisière dans la mer Noire; puis capitaine de
vaisseau et officier de l'ordre turc du Medjidié, le 2 décembre
1855, pour la prise de la forteresse de Kinburnn, à l'attaque
de laquelle il commandait la batterie flottante la *Lave;* commandeur de la Légion-d'Honneur le 10 août 1861.

Il a épousé à Nantes, le 4 janvier 1838, Louise-Élisabeth-

Charlotte DE LA TOUR-DU-PIN-CHAMBLY DE LA CHARCE, née à
Paris le 25 septembre 1814, fille de Louis–Henri–Alexandre,
vicomte de la Tour–du–Pin–Chambly de la Charce, ancien
capitaine d'état-major, chevalier de Malte, et d'Élisabeth-
Marie–Modeste *de Sesmaisons*.

De ce mariage sont nés :

1° Henri-Raoul-René *de Cornulier-Lucinière,* né à Nantes le 31
   octobre 1838, admis à l'École militaire de Saint-Cyr le 5
   novembre 1858, nommé sous-lieutenant au 14ᵉ régiment
   d'infanterie de ligne le 1ᵉʳ octobre 1860.

2° Paul-Louis-Ernest *de Cornulier–Lucinière,* né à Nantes le
   18 février 1841, admis à l'École navale de Brest, sur le
   vaisseau le *Borda,* le 20 octobre 1858; nommé élève de la
   marine de deuxième classe le 1ᵉʳ août 1860.

3° Camille-Louis-Marie *de Cornulier-Lucinière,* né à Nantes le
   23 mai 1844.

4° Gustave-Jean-Marie-Alfred *de Cornulier-Lucinière,* né à Nantes
   le 8 novembre 1855.

5° Anne-Augustine-Marie-Victorine *de Cornulier-Lucinière,* née à
   Nantes le 4 août 1847.

6° Louise-Anne-Henriette-Marie *de Cornulier-Lucinière,* née à
   Nantes le 24 juillet 1851.

CHÂTEAU DE MONTREUIL.

BRANCHE DE MONTREUIL.

IX. — Philippe-Emmanuel DE CORNULIER, chevalier, seigneur de Montreuil, en Nort, le dernier des fils de Jean *de
Cornulier*, seigneur de Lucinière, et de Marguerite *le Lou*,
naquit à Nantes le 22 octobre 1614, et était, en 1657, lieutenant de la noblesse au comté nantais et pensionnaire des
États. Il mourut à Nantes le 13 janvier 1678, et y fut inhumé
dans l'église de Saint-Laurent. Il avait épousé dans cette ville,
le 4 juillet 1655, Jeanne GARNIER, dame de la Mahière, de
Lousil et de la Touche, dans la paroisse de Congrier, en
Anjou, fille mineure des défunts nobles gens René Garnier,
seigneur de la Repenelaye, en Anjou, et de Françoise *le Din*.
Elle mourut au château de Montreuil et fut inhumée à Nantes,
dans l'enfeu des Cornulier à Saint-Laurent, le 6 novembre
1679, ayant eu les enfants qui suivent.

1° Claude Ier *de Cornulier*, qui suit.

2° Autre Claude *de Cornulier*, né à Nantes le 11 avril 1659,
mort jeune.

3° Françoise-Josèphe *de Cornulier*, née à Nantes le 1er juillet
1646, était morte en 1668.

4° Marie-Prudence *de Cornulier*, née à Nantes le 25 mai 1647, morte dans la même ville le 10 mars 1669, non mariée.

5° Charlotte *de Cornulier*, née à Nantes le 27 août 1649, morte en odeur de sainteté le 28 février 1686, et inhumée solennellement dans le cimetière de Saint-Léonard de Nantes.

6° Jeanne *de Cornulier*, née le 8 octobre 1652, nommée à Nantes le 20 juillet 1655.

7° Hélène *de Cornulier*, née à Nantes le 20 décembre 1653.

8° Charlotte-Jeanne *de Cornulier*, née à Nantes le 25 avril 1655.

9° Marie-Pétronille *de Cornulier*, née à Nantes le 9 juin 1656, morte dans la même ville le 17 septembre 1679, sans alliance.

De tous ces enfants, il ne restait plus, en 1682, lors du partage de la succession de l'abbé du Hézo, que Claude, le fils aîné, et sa sœur Charlotte.

X. — Claude DE CORNULIER, Ier du nom, chevalier, seigneur de Montreuil; de Saint-Thomas, en Saint-Étienne-de-Montluc; de la Gandonnière, en Vallet; de la Gazoire, en Nort, qu'il eut en partage, en 1682, dans la succession de l'abbé du Hézo; de Longlée, de Fayau et du Coudray, aussi en Nort, qu'il acquit en 1684, etc.; naquit à Nantes le 18 septembre 1651, et fut nommé par son oncle, Claude de Cornulier, abbé du Hézo. Il acheta, en 1684, de Julien le Meneust, devenu depuis son beau-père, la charge de maître des comptes de Bretagne; mais il la revendit en 1686, sans s'être fait recevoir dans cet office. Il était lieutenant des maréchaux de France au comté nantais et commandait une compagnie de gentilshommes de ce comté à l'arrière-ban convoqué en 1690. Il mourut à Nantes le 16 février 1707, et fut inhumé dans l'église de Saint-Léonard. Il avait épousé dans la même ville, le 5 décembre 1684, Marie-Marguerite LE MENEUST, fille de Julien le Meneust, écuyer, seigneur des Islettes et de Saint-Thomas, maître des comptes de Bretagne, et de défunte Perrine *Bureau*, sa première épouse. Marguerite le Meneust était alors élevée au couvent des Bénédictines de la ville de Clisson, et c'est au parloir de cette maison qu'elle signa son contrat de mariage. Elle mourut à Nantes, à l'âge de trente ans, le 24 juin 1692, et fut inhumée dans l'église de Saint-Laurent. Elle était fille unique du premier lit de son père, qui se remaria en secondes noces avec Marie-Thérèse Charier, dont il eut : Marie le Meneust, née en 1686 et mariée à François Boux, seigneur de Louvrardière. Marguerite le Meneust avait apporté une grande fortune à son mari, déjà riche par lui-même. Ce sont eux qui firent bâtir le beau château de Montreuil, dans une position qui domine la petite ville de Nort; et l'époque où ils vécurent fut celle de la plus grande splendeur de cette branche, qui ne fit plus que décliner après eux. Les enfants de Marie-Marguerite le Meneust furent :

1° Claude *de Cornulier*, IIe du nom, chevalier, seigneur de Montreuil, Longlée, Fayau, le Coudray, la Gazoire, Saint-Thomas, etc.; né au château de Montreuil le 13 octobre 1686, lieutenant des maréchaux de France au comté nantais et capitaine de la noblesse audit comté, mourut sans alliance en 1714. Arrivé tout jeune à la tête d'une fortune qui dépassait 500,000 livres, somme fort considérable à cette époque, il en dissipa une grande partie, ne songeant guère qu'à se divertir. Lors de sa mort, son fermier de Longlée réclamait jusqu'à 1,500 livres pour prix de vin, viandes, beurre, etc., qu'il lui aurait fournis lorsqu'il y venait en compagnie faire des parties de pêche.

2° Anonyme *de Cornulier*, mort à Nantes le 24 janvier 1688.

5° Autre Claude *de Cornulier*, IIIᵉ du nom, qui suit, et qui succéda à son frère aîné de même nom, du vivant duquel on l'appelait le chevalier de Cornulier.

4° Marie-Eufrasie-Scholastique *de Cornulier*, née à Nantes le 15 mars 1690, mariée dans la même ville, le 11 juillet 1707, à René *Boux*, chevalier, seigneur de Saint-Mars-de-Coutais, des Huguetières, de Lenfernière, de Casson, etc., conseiller au Parlement de Bretagne, fils aîné, héritier principal et noble de Julien Boux, chevalier d'honneur au siége présidial de Nantes, et de Marie Baudouin, dame de Casson. En attendant son partage définitif, qui ne fut réglé qu'en 1711, elle reçut en dot 60,000 livres et la terre de la Gandonnière, en Vallet; on y ajouta pour complément, en 1725, la terre de la Gazoire et des métairies en Nort. Elle mourut en couches à Nantes, le 4 octobre 1726, en donnant le jour à deux filles qui ne vécurent pas; mais elle laissait d'autres enfants qui recueillirent, en 1756, tous les biens des Cornulier de Montreuil, comme on le verra au degré suivant.

5° Marguerite *de Cornulier*, née à Nantes le 1ᵉʳ août 1691, morte jeune.

XI. — Claude DE CORNULIER, IIIᵉ du nom, chevalier, seigneur de Montreuil, la Gazoire, Longlée, Fayau et le Coudray, en Nort; de la Chauvinière, en Saint-Herblain, près Nantes, etc.; capitaine de la noblesse et lieutenant des maré-

chaux de France au comté nantais; naquit à Nantes le 12
février 1689 et fut nommé à Nort, le 31 juillet 1690, par
Claude de Cornulier, marquis de Châteaufremont. Il mourut à
Nantes le 26 juin 1722, et fut, d'après son désir, inhumé
dans le cimetière de Saint-Léonard, au pied de la croix. Il fut
aussi mauvais administrateur de sa fortune que l'avait été son
frère aîné; un procès-verbal de l'année 1723 constate que le
manoir de Longlée menaçait ruine, que le château de Montreuil lui-même et toutes les métairies en dépendant étaient
dans un grand état de délabrement; enfin, l'état général de
ses affaires était tel, que sa veuve dut renoncer à sa communauté. Cette situation ne tenait pas seulement à son caractère
personnel; ainsi qu'on a pu déjà le remarquer dans la *branche
de la Caraterie,* l'office si honorable de capitaine de la noblesse était une charge excessivement lourde; il exigeait, en
Bretagne, une représentation et des dépenses telles, que la
plupart des fortunes y succombaient.

Claude III *de Cornulier* avait épousé à Nantes, le 26 avril
1718, Charlotte LE TOURNEULX, fille aînée, héritière principale et noble de défunt Christophe le Tourneulx, écuyer, seigneur de Sens, auditeur des comptes de Bretagne, et de
Charlotte *de la Bourdonnaye de Coëttion,* alors sa veuve,
sœur du président de la Bourdonnaye. Charlotte le Tourneulx
était sœur de la dame *de la Caraterie,* et elle se remaria en
secondes noces à Nort, le 30 janvier 1734, avec Pierre
Picaud, chevalier, seigneur de la Pommeraie, en la paroisse
de Messac, qui était veuf lui-même de Pélagie de Becdelièvre,
sœur de Jean-Baptiste-Antoine de Becdelièvre, mentionné ci-
dessous. Claude III de Cornulier ne laissa que deux enfants.

1° Claude *de Cornulier*, IVᵉ du nom, chevalier, seigneur de
Montreuil, né à Nantes le 11 février 1721, mort dans la
même ville le 24 mars 1755 et inhumé à Saint-Léonard,
dernier mâle de sa branche.

2° Renée-Charlotte *de Cornulier*, née le 6 avril 1720, baptisée à
Nantes le 51 janvier 1724, héritière de Montreuil après la
mort de son frère, épousa à Nort, le 21 décembre 1755,
Jean-Baptiste-Antoine *de Becdelièvre*, chevalier, comte du
Bouexic, conseiller au Parlement de Bretagne, fils de Pierre
de Becdelièvre, comte du Bouexic, et de Jeanne-Louise
Gabard, dame de Teilhac. Renée-Charlotte de Cornulier
mourut sans postérité en 1756. En sa personne s'éteignit la
branche de Montreuil, dont tous les biens passèrent alors
dans la famille Boux, aux héritiers de Marie-Eufrasie-Scholastique de Cornulier.

FIN.

10626 — Nantes, Imprimerie Charpentier, rue de la Fosse, 52.

ARBRE GÉNÉALOGIQUE DES DIFFÉRENTES BRANCHES DE LA MAISON DE CORNULIER.